La Utilidad e Importancia de los Credos y las Confesiones

Samuel Miller

editorial δουλος
Embajadores en cadenas
Tampa, Florida
www.editorialdoulos.com

Editorial Doulos
1008 E. Hillsborough Ave
Tampa, Florida 33604
www.editorialdoulos.com
editor@editorialdoulos.com

Editorial Doulos

╬

Estudios de Dogmática Reformada

CONTENIDO

Capítulo 1
La importancia vital de los credos y las confesiones.

El carácter personal del hombre que se prepara para el ministerio es de suma importancia. El candidato al ministerio es "puesto para caída y para levantamiento de muchos en Israel" (Lucas 2:34) tal como lo fue el Maestro a quien profesa amar y servir. En todo lo que es, y en todo lo que hace, influye no solo en el bienestar temporal y eterno de sí mismo, sino en el de miles de almas. Está acosado con peligros por todas partes. No importa su talento ni su aprendizaje, si no tiene piedad genuina, le resultará a la iglesia una maldición en lugar de una bendición. Pero este no es el único peligro al que se expone. Puede tener piedad sin fingir, así como talento y erudición; y sin embargo, puede convertirse en un perturbador de la paz de la iglesia y en un elemento corruptor de su iglesia. Puede tener dicha influencia en la iglesia a partir de una indiscreción habitual; a partir de un defecto en la sobriedad mental, que es tan preciosa para todos los hombres, pero especialmente el que ocupa un oficio público; a partir de la afición por la novedad y la innovación, o a partir del amor a la distinción que es tan natural para los hombres. Por ello diremos, cualquiera que sea el resultado con respecto a sí mismo, "mejor le fuera a ese hombre no haber nacido" (cf. Mateo 26:24).

Es de esta manera que cada aspecto del carácter de aquel que viene al ministerio santo - sus opiniones, su temperamento, sus logros, sus dolencias, y sobre todo, su cristianismo práctico tiene una importancia inestimable para la comunidad eclesiástica de la que está destinado a ser ministro. Ni una de sus características carece de interés. Si fuera posible para él, estrictamente hablando, "vivir para sí" o "morir para sí" (cf. Ro. 14:7), el caso sería diferente. Pero no es posible. Sus defectos, así como sus excelencias, sus dones y sus gracias, así como los puntos débiles de su carácter, deben y tendrán su efecto debido en todo lo que toca el hombre.

¿Pueden apreciar, entonces, la enorme responsabilidad que nos corresponde a los que hemos sido llamados a formar a candidatos para este alto y santo oficio? ¿Pueden apreciar que teniendo la ventaja de una experiencia en el oficio, nos deleitamos con cada escalón que atraviesa el candidato para entrar a este ministerio? ¿Se preguntan por qué cada día les exhortamos a tener "cuidado de ti mismo y de la doctrina" (cf. 1 Tim. 4:16), y que no cesamos de exhortarles y de orar por ustedes para que den toda la diligencia para ser aprobados por Dios para el bien de su iglesia para que sean siervos capaces y fieles? Independientemente de toda obligación oficial, si no sintiéramos y actuáramos así, manifestaríamos una insensibilidad a los intereses de la iglesia, a su verdadero bienestar, igualmente inexcusable y degradante.

Es en consecuencia a este profundo recelo por la mejora ministerial, que no solo nos esforzamos por llevar a cabo el curso regular de instrucción de la manera que pensamos mejor adecuada para avanzar hacia el gran fin de todos sus estudios; pero que aprovechemos además la oportunidad que nos brinda el discurso general para llamarles la atención a una serie de temas que no caben dentro del curso ordinario de la instrucción.

Es un tema de dicha naturaleza que ocupará nuestra atención en la presente ocasión: a saber, *la importancia de los credos y las confesiones para mantener la unidad y la pureza de la iglesia visible.* Es un tema que, aunque pertenece propiamente a la facultad de la eclesiología, siempre ha sido, por falta de tiempo, omitido dentro del programa curricular. Y ahora me es menester hacérselo saber, porque, como he dicho, pertenece propiamente a mi cargo; ya que es un tema muy interesante e importante; porque ha sido durante varios años pasado, y sigue siendo, el objeto de una adversión muy severa por parte de los latitudinarios[1] y herejes; y porque, aunque abundantemente justificada por la razón, la Escritura, y la experiencia universal, los sentimientos espontáneos de muchos, especialmente bajo el gobierno libre del cual gozamos, se levantan en armas contra lo que se considera, y a veces se complace en llamar, el excesivo

---

[1] Nota del traductor: Los latitudinarios eran un grupo dentro de la iglesia anglicana de la época quienes afirmaban que lo que a Dios le interesa es el estado moral del individuo y que Dios es indiferente a asuntos relacionados a cuestiones doctrinales. El latitudinarismo fue la postura teológica prevalente en la iglesia anglicana norteamericana, o sea, la iglesia episcopal.

"rigor" e incluso la "tiranía" de la suscripción exigente a los artículos de fe.

Es mi objetivo, en primer lugar, ofrecer algunas observaciones sobre la utilidad y la importancia de los credos escritos; y en segundo lugar, rebatir algunas de las objeciones más comunes y factibles que han sido traídas en su contra por los adversarios.

Capítulo 2
Argumentos a favor de los credos y las confesiones.

Por un credo, o confesión de fe, me refiero a una exposición, en lenguaje humano, de esas grandes doctrinas que sus escritores creen que se enseñan en las Sagradas Escrituras; y que se derivan de ellas en orden regular, con el propósito de determinar hasta qué punto los que desean unirse en la comunión de la iglesia están realmente de acuerdo en los principios fundamentales del cristianismo. Los credos y las confesiones no afirman ser por sí mismos leyes del Cuerpo de Cristo, o leyes, por las que cualquier conjunto de opiniones son constituidas como verdades, y que requieren, en ese sentido, ser recibidos como verdades entre los miembros de su familia. Solo pretenden ser una síntesis, extraída de las Escrituras, de algunas de esas grandes doctrinas del evangelio que Cristo mismo enseña; y que los resumidores en cada caso particular coinciden en considerar importante, y consideran adecuado para constituir la prueba de su unión religiosa. Su idea no es que al formar este resumen enuncien algo que no fuera verdad antes; y que, por lo tanto, obliguen a creer lo que no estaban obligados a creer por la autoridad de Cristo antes. Pero simplemente lo consideran como una lista de las principales verdades que la Biblia enseña, las cuales, por supuesto, todos los hombres deben creer, porque la Biblia las enseña; y que una cierta porción de la iglesia visible y universal coincide en considerarlas como una fórmula, por medio de la cual pueden conocerse y entenderse los unos a otros.

Ahora, afirmo que la adopción de tal credo no solo es legal y conveniente, sino que también es indispensable para la armonía y la pureza de la iglesia visible. Para establecer esta posición, permítenme enumerar las siguientes consideraciones.

1. *Sin un credo explícitamente adoptado, difícilmente pueden los ministros y los miembros de cualquier iglesia en particular, o inclusive de una gran denominación de cristianos, mantener la unidad entre ellos.*

Si cada cristiano fuera simplemente un individuo aislado, que interrogase, sintiese y actuase por sí solo, ningún credo de formación humana sería necesario para su avance en el conocimiento, la consolación y la santidad. Con la Biblia en su armario, y con sus ojos abiertos para ver las "maravillas" que contiene (Salmo 119:18), tendría todo lo que es menester para su edificación. Pero las cosas no son así. La iglesia es una sociedad - sociedad que, por extendida que sea, es "un cuerpo en Cristo", y todos los que la componen, "son miembros los unos de los otros" (Romanos 12:5). Tampoco se requiere que esta sociedad sea una en su nombre, o que reconozca una mera unión teórica, sino también que mantenga cuidadosamente "la unidad del Espíritu en el vínculo de la paz" (Efesios 4:3). Se les exhorta a estar "firmes en un mismo espíritu, combatiendo unánimes por la fe del evangelio" (Filipenses 1:27). Se les ordena a todos que hablen "una misma cosa", y que sientan "una misma cosa" (1 Corintios 1:10; Filipenses 2:2). Y esta "unidad de espíritu" es tan esencial para la consolación y la edificación de los que comparten en la comunión de la iglesia, como lo es para el cumplimiento del mandato de su Maestro.

"¿Andarán dos juntos, si no estuviesen de acuerdo?" (cf Amós 3:3). ¿Puede un cuerpo de adoradores, compuesto por calvinistas, arminianos, pelagianos, arrianos y socinianos, orar, predicar y comulgar juntos de manera provechosa y cómoda, cada uno conservando los sentimientos y lenguaje apropiados a su denominación? Esto habría hecho de la casa de Dios un miserable Babel. ¿Pueden comulgar los que creen que el Señor Jesucristo es Dios, igual al Padre, y adorarlo como Dios, y aquellos que consideran la adoración a Cristo como una abominable idolatría? ¿Pueden convivir los que renuncian de corazón a toda dependencia de sus propias obras o méritos para ser justificados ante Dios, confiando enteramente en su rica gracia, "mediante la redención que es en Cristo Jesús" (Romanos 3:24) y los que pronuncian la confianza fanática de la justicia inherente al hombre como el único fundamento de la esperanza? ¿Pueden aquellos que sostienen estas creencias opuestas sobre un tema de tanta importancia, compartir las mismas oraciones, escuchar de domingo en domingo las mismas instrucciones, y sentarse juntos en la misma mesa sacramental con provecho y edificación? ¿También podrían los judíos y los cristianos adorar juntos en el mismo templo? Tendrían que haber sido perfectamente indiferentes a los grandes temas en los que están divididos; si no, toda su relación habría producido angustia. En tal asamblea abigarrada se podría haber hablado de una verdadera comunión cristiana; pero es imposible que se habría engendrado realmente la comunión que la Biblia describe como tan preciosa, y que los piadosos tanto deleitan en cultivar. Pues pregunta el apóstol Pablo: "¿qué compañerismo tiene la justicia con la injusticia? ¿Y qué comunión la luz con las tinieblas? ¿Y qué concordia Cristo con Belial? ¿O qué parte el creyente con el incrédulo? ¿Y qué acuerdo hay entre el templo de Dios y los ídolos?" (2 Corintios 6:14-16).

Viendo que estas cosas son evidentes, ¿cómo, pregunto, es que la iglesia se puede protejer de esa discordia debilitadora, de esa lucha perpetua de sentimientos, de palabras y de conducta, que debe sobrevenir, cuando está compuesta de materiales tan heterogéneos? ¿Cómo puede una iglesia evitar la culpa de albergar en su seno, y de conjurar por su comunión, las peores herejías que jamás han deshonrado el nombre cristiano? No es suficiente, para alcanzar este objetivo, que todos los que son admitidos profesen estar de acuerdo en recibir la Biblia. Pues muchos que se llaman cristianos y que profesan tener la Biblia como guía, tienen opiniones y hablan un idioma opuesto a las opiniones y el lenguaje de otros que igualmente afirman ser cristianos, y profesan igualmente recibir la Biblia. La diferencia es tan grande como lo es el oriente del occidente. De los que están de acuerdo en esta profesión general, la mayor parte reconoce la autoridad divina de todo el canon sagrado así como lo hemos recibido; mientras que otros extirparían capítulos enteros, y algunos libros enteros de la voluntad revelada de Dios. Los ortodoxos mantienen la inspiración plenaria de las Escrituras; mientras que algunos que insisten ser cristianos, niegan su inspiración por completo. En resumen, hay multitudes que, profesando creer en la Biblia, rechazan toda doctrina fundamental que contiene. Así fue en el principio y así es ahora.

Un apóstol inspirado declara, que algunos en su día que no solo profesaban creer en las Escrituras, sino incluso "predicar a Cristo" (Filipenses 1:15-16) realmente predicaban "otro evangelio." A estos falsos maestros Pablo les llama anatema (Gálatas 1:6-9); y asegura que hay algunas "herejías destructoras" tan profundas y radicales que deben ser llamadas anatema (2 Pedro 2:1). Seguramente aquellos que mantienen el verdadero evangelio no pueden "caminar juntos" en la "comunión de iglesia" con aquellos que son "anatema" por predicar "otro evangelio" y por enseñar "herejías destructoras" los defensores de las cuales los discípulos de Cristo no pueden ni siquiera recibir "en casa" ni "saludar" (Cf. 2 Juan 10).

¿Cómo, entonces, vuelvo a repetir, pueden los miembros de una iglesia cuidar que, según el mandato divino, hablen y sientan "una misma cosa"? Pueden requerir que todos los que entran en su comunión profesen una creencia en la Biblia; y pueden requerir que esta profesión se repita todos los días, y aun así pueden ser corrompidos y divididos por cada forma del error más grave. Tal profesión, sostengo, no es un vínculo de una unión real ni es una promesa de comunión espiritual. Es un cristianismo nominal, perfectamente indefinido, y expuesto a toda discordia.

Pero tal vez se proponga como un remedio más eficiente, que haya un entendimiento privado, realizado con cautela, de que no se admita a ningún ministro o miembro, pero aquellos que son conocidos, a través de una conversación privada, por estar sustancialmente de acuerdo con el cuerpo original, tanto con respecto a la doctrina como al orden. De esta manera, algunos alegan, la discordia puede ser desterrada, y la iglesia puede mantener su pureza y paz, sin una variedad odiosa de credos y confesiones. A dicha propuesta, respondo, en primer lugar, que es en el fondo la exhibición de un credo y un requerimiento de suscripción a él, mientras que al mismo tiempo se insinua lo contrario. Se hace uso de una prueba religiosa, de la manera más rigurosa, sin tener la honestidad para avarlo. Pues ¿qué importa, a la larga, que el credo se reduzca a la Escritura, o que se registre sólo en las mentes de los miembros de la iglesia, sin una aplicación a ellos como un cuerpo, si se excluye igualmente a los solicitantes que no son aprobados?

Pero a este remedio propuesto, respondo, en segundo lugar, a la pregunta: "¿Qué es la solidez en la fe?" Cuando existe entre los miembros de la iglesia un acuerdo explícito no hay necesidad de dejar el entendimiento doctrinal a la comprensión y la memoria de cada individuo que pertenece al cuerpo. También podría dejarse la constitución civil de un Estado, en lugar de comprometerse a escribirla, a las vagas y siempre variadas impresiones de los ciudadanos individuales que viven bajo su autoridad. En tal caso, no puede haber certeza ni estabilidad. No habría acuerdo en el significado de los artículos ni habría uniformidad entre las personas ya que sus intereses o sus pasiones podrían influir. La misma inestabilidad caracterizaría a la iglesia que carezca de una base similar para su comunión. Tal credo nuncupativo[2] se haría dudoso cuando más se necesite como medio de quietar disturbios, o de excluir la corrupción y, por supuesto, inútil, al tener sus disposiciones más importantes cuestionadas a cada momento: un caso en el que, si se hace operativo en absoluto, sería mucho más probable que se pervirtiera y se volviera un instrumento de opresión popular, que se empleara como un medio de gobierno sobrio y sano.

La inferencia, entonces, claramente es que ninguna iglesia puede esperar mantener un carácter homogéneo; no puede estar segura ni de su pureza ni de su paz, siquiera por un solo año; no, ninguna iglesia puede proteger eficazmente contra los más altos grados de corrupción y lucha, sin alguna prueba de la verdad, explícitamente acordado y adoptado en su capacidad eclesiástica: algo registrado, algo conocido públicamente, algo que puede ser referido cuando más necesario, que no solo este o aquel miembro privado supone haber sido

---

[2] Termino legal usado en el contexto de testamento. Un testamento nuncupativo es aquel en que el testador hace sabedores de sus disposiciones a los testigos, en contraste con un testamento cerrado que es aquel en que no es necesario que testigos tengan conocimiento de ellas.

recibido, sino a lo que la iglesia como tal ha acordado adherirse, como un vínculo de unión. En otras palabras para que una iglesia mantenga la "unidad del Espíritu en el vínculo de la paz" (cf. Efesios 4:2-3), debe tener un credo escrito al cual se ha dado formalmente su asentimiento, y a una conformidad a la cual sus ministraciones son sometidas. En la medida que dicha prueba se aplique fielmente, la iglesia mostrará un buen grado de unión y armonía. Y cuando nada de ese tipo se emplea, no veo cómo se puede esperar, sin un milagro, escaparse de todos los males de la discordia y la corrupción.

2. La necesidad y la importancia de los credos y las confesiones está ligado al gran diseño de establecer una iglesia en el mundo que pueda ser, en todas las edades, depositaria, guardián y testigo de la verdad.

Los cristianos, tanto en lo colectivo como en lo individual, se representan en las Escrituras como los testigos para Dios. Se les ordena que mantengan su verdad y que sean "asidos de la palabra de vida" (cf. Filipenses 2:16), en toda su pureza y brillo ante una generación perversa, para que otros sean iluminados y convertidos. Se les exhorta a "comprar la verdad y no venderla" (Proverbios 23:23); para contender "ardientemente por la fe que ha sido una vez dada a los santos" (cf. Judas 3); para guardar "el buen depósito por el Espíritu Santo que mora en nosotros" (cf. 2 Timoteo 1:14); y combatir "unánimes por la fe del evangelio" (cf. Filipenses 1:27). Estos, y muchos otros mandamientos de importancia afín, afirman el deber de toda iglesia cristiana a detectar y a exponer las herejías prevalecientes y de excluir dichas herejías de su comunión; y para elevar un estandarte para la verdad, siempre que el enemigo entra como un diluvio.

Pero, ¿no implica todo esto tomar medidas eficaces para distinguir entre la verdad y el error? ¿No se infiere necesariamente de esto el deber de trazar, y manifestar públicamente, una línea entre aquellos que, mientras profesan en general creer en la Biblia, niegan realmente todas sus doctrinas esenciales, y aquellos que simplemente y humildemente reciben "la verdad está en Jesús" (cf. Efesios 4:21)? Pero, ¿cómo se hace la distinción entre aquellos que adoptan las doctrinas esenciales del evangelio y aquellos que profesan igualmente recibir la Biblia? Solo se puede hacer determinando cuidadosamente y declarando explícitamente cómo la iglesia misma, y cómo los que ella sospecha de estar en error, entienden e interpretan la Biblia, es decir, extrayendo ciertos artículos de fe de las Escrituras, según su comprensión de ellos, y comparando estos artículos con la creencia profesada de aquellos a quienes supone ser herejes. ¿Y qué sería este proceso sino extraer de las Escrituras una confesión de fe o un credo y aplicándolo como una prueba de principios sólidos? Realmente me parece que aquellos hermanos ortodoxos que admiten que la iglesia está obligada a levantar su voz contra el error, y a "contender ardientemente" por la verdad (cf. Judas 3), y aun así denunciar los credos y las confesiones, son inconsistentes consigo mismos en el grado más alto.

Reconocen la obligación y la importancia de un gran deber; y sin embargo rechazan el único medio por el cual se puede cumplir. Como los "cuadrilleros de Egipto" (Exodo 5:6-19), requieren esfuerzo para hacerse, sin permitir los materiales necesarios para su realización. Antes de que la iglesia como tal pueda detectar herejes y expulsarlos de su seno, antes de que pueda levantar su voz, en un día "de angustia, de represión y de blasfemia" (cf. Isaías 37:3; 2 Reyes 19:3) contra los errores prevalecientes, sus gobernadores y miembros deben estar de acuerdo en lo que es la verdad. Y, a menos que se renuncien en sus juicios oficiales a toda la efervescencia caprina y febril de sentimientos ocasionales, deben tener algún documento acreditado y permanente que demuestre lo que han acordado considerar como verdad. Realmente no hay otra alternativa viable. O bien deben tener tal "forma de las sanas palabras" (cf. 2 Timoteo 1:13), que han adoptado voluntariamente, y se han comprometido unos con otros a "guardar el depósito" o no pueden tener ninguna seguridad de que dos o más decisiones sucesivas relativas a la solidez en la fe sean iguales. En otras palabras, no pueden alcanzar, de ninguna manera estable, uniforme y consistente uno de los grandes propósitos para los cuales se estableció la iglesia visible.

Seguramente no se podrá decir que la iglesia, o cualquiera de sus miembros individuales, puede cumplir suficientemente el deber en cuestión, simplemente proclamando de vez en cuando, en medio del error circundante, su adhesión y su apego a la Biblia. Todo el mundo debe reconocer que esto no sería, de hecho, nada como dar "testimonio de la verdad" (cf. Juan 18:37) porque no haría nada peculiar, nada que distinga, nada que todo hereje en la cristiandad no esté listo para hacer, o más bien no está haciendo diariamente, tan fuerte, y tan frecuentemente como la iglesia más ortodoxa. La idea misma de "dar testimonio de la verdad" y de separarse de aquellos que son tan corruptos que la comunión cristiana no puede mantenerse con ellos, necesariamente implica algún acto público discriminante en el que la iglesia está de acuerdo. Y expresa su creencia en las grandes doctrinas del cristianismo, en contraposición de aquellos que creen erróneamente. Ahora bien, suponer que cualquier cosa de este tipo se puede lograr, haciendo una profesión, la misma en todos los aspectos con lo que hacen los peores herejes, es demasiado absurdo para satisfacer a cualquiera que indague con sobriedad. ¿De qué valor, me pregunto, habrían sido los valdenses y los albigenses como testigos de la verdad, como luces en las tinieblas de la corrupción circundante, especialmente de qué valor habrían sido para la iglesia en tiempos posteriores, y a nosotros en la actualidad, si no se habían formado y transmitido a la posteridad, esas célebres confesiones de fe, tan valiosas como memorables, que leemos en su historia, y que representan un testimonio monumental del verdadero "evangelio de la gracia de Dios" (Hechos 20:24). Sin estos documentos, ¿cómo hubiéramos sabido de qué manera interpretaron la Biblia; o en donde diferían de los herejes más groseros que vivían al mismo tiempo y que profesaban también recibir la Biblia? Sin ellos, ¿cómo deberíamos haber visto tan clara y satisfactoriamente que mantuvieran la verdad y el orden de la casa de Cristo en medio de todas las desolaciones del "hombre de pecado" (2 Tesalonicenses 2:3).

3. La adopción y publicación de un credo es un tributo a la verdad y a la franqueza que toda iglesia cristiana le debe a las demás iglesias y al mundo que la rodea.

Todo hombre sabio deseará estar unido en el deber y privilegio religiosos con aquellos que están de acuerdo entre sí en los puntos de vista de doctrina y orden con aquellos que tienen, con aquellos con quienes puede ser más feliz y mejor edificado. Por supuesto, será deseoso, antes de que se una a cualquier iglesia, de conocer algo de su fe, gobierno y carácter general. Supongo que un individuo piadoso e ingenioso a punto de formar sus conexiones religiosas para la vida observa las iglesias a las que tiene más acceso, y es deseoso de decidir con cuáles de ellas puede estar más cómodo. Supongo que, en esta encuesta, gira sus ojos hacia la iglesia verdaderamente bíblica y primitiva a la que pertenecemos. Está ansioso por conocer la doctrina así como el orden que espera encontrar en relación con el cuerpo. ¿Cómo puede saber esto? Ciertamente no yendo de iglesia en iglesia a través de toda la ciudad y aprendiendo el credo de cada ministro individual de sus propios labios. Esto sería físicamente imposible, sin otorgar a la tarea un grado de tiempo y esfuerzo que muy pocos hombres podrían permitirse. En realidad no podría escuchar por sí mismo las doctrinas enseñadas en una vigésima parte de nuestros púlpitos. Y si pudiera, todavía sería incapaz de decidir, a partir de esa única fuente, hasta qué punto lo que escuchó podría ser considerado como la doctrina uniforme y universal, y especialmente como la doctrina permanente de la iglesia, y no como una exposición accidental. Pero cuando tal hombre sabio encuentra que tenemos un credo publicado, declarando cómo entendemos las Escrituras y declarando explícitamente, en detalle, las grandes verdades que hemos acordado para mantenernos unidos, él puede determinar en unas pocas horas, y sin dejar su propia morada, lo que profesamos en creencia y práctica, y su encaje en nuestra comunión. Y mientras él está habilitado para entender el sistema al que profesamos adherirnos, nos permite entender sus puntos de vista, al determinar hasta qué punto están de acuerdo con nuestro credo publicado.

Además, lo que se debe a los individuos ingeniosos que desean conocer el verdadero carácter de nuestra iglesia, también se debe a las iglesias vecinas que pueden tener deseo de determinar los principios que sostenemos. Es una delicia para las comunidades eclesiásticas, que se acercan unas a otras en la fe y el orden, manifestar su afecto unos por otros, apreciando un cierto grado de comunión cristiana.

Pero ¿qué iglesia, que valora la preservación de su propia pureza y paz, se aventuraría en tal comunión con un cuerpo que no tenga un sistema definido ni de doctrina ni de gobierno al que se haya comprometido y que pudiera, por lo tanto, llegar a ser una fuente de contaminación y desorden a cualquier otra iglesia con la que tenía el menor intercambio de servicios? Uno de los ministros de tal denominación, cuando es invitado al púlpito de un hermano ortodoxo, puede dar toda la satisfacción; mientras que el próximo al que se mostró un gesto similar de afecto y confianza cristiana, puede predicar la herejía más corrupta. Los credos y las confesiones, por tanto, lejos de tener una tendencia a "enajenar" y "amargar" a las denominaciones cristianas que piensan casi igual, y que deben mantener relaciones fraternales, tienden realmente a hacerlos conocerse los unos a los otros; sientan las bases para una relación regular y cordial; engendran confianza mutua; y así promueven la armonía de la iglesia de Dios.

Por lo tanto, no puedo afirmar que, como cada ministro individual debe a todo hombre que desea conocerla una franca declaración de su fe cristiana; así cada iglesia debe a sus iglesias hermanas ser igualmente franca y explícita en la declaración pública de sus principios. Ella, sin duda, cree que esos principios son puramente bíblicos. Por lo tanto, al avalarlos públicamente, cumple el doble deber de dar testimonio de la verdad, y de esforzarse por sacar de denominaciones menos puras, y del mundo circundante un nuevo apoyo a lo que concienzudamente cree que son sentimientos más correctos que los suyos. Puede que la iglesia esté equivocada en su declaración; pero aún así pone de manifiesto lo que cree sin duda que es correcto y lo que, mientras esta convicción siga en pie, está obligada a realizar. Y no dudo en seguir manteniendo que, en todas las edades, las iglesias cristianas que han sido muy honorablemente distinguidas por su piedad, su celo y su adhesión a la simplicidad del evangelio, no solo han sido muy notables por su cuidado en la formación, pero también por su franqueza en la avalación de su credo doctrinal y de su disposición de dejar que todos alrededor de ellos entiendan claramente lo que profesaban considerar como las doctrinas fundamentales de nuestra santa religión.

4. *Otro argumento a favor de los credos, adoptados y mantenidos públicamente, es que facilitan el estudio de la doctrina cristiana y avanzan el conocimiento cristiano.*

Es el principio general de los enemigos de los credos, que todos los que profesan creer en la Biblia, deben, sin más investigación, unirse; mantener la comunión eclesiástica; y vivir juntos en paz. Pero la única manera en que aquellos que esencialmente difieren unos de otros en cuanto a las doctrinas fundamentales del evangelio pueden vivir juntos en comunión eclesiástica perfectamente armoniosa es haciéndose indiferentes a la verdad. En otras palabras, se persuaden de que los credos y las confesiones son de poca o ninguna importancia práctica para la iglesia, y por lo tanto, no vale la pena tenerlas; que los puntos de vista claros y discriminantes de la doctrina cristiana son totalmente innecesarios, y de poco uso en la formación del carácter cristiano. Pero en proporción a los cristianos profesantes que son indiferentes a la verdad, ¿no serán capaces de descuidar el estudio de ella? ¿y si el estudio de la doctrina se descuida generalmente, no prevalecerá la ignorancia doctrinal burda y deplorable eventual y generalmente?

La verdad es que, cuando los hombres aman la verdad del evangelio lo suficiente como para estudiarla con cuidado, pronto aprenderán a estimar su valor; pronto estarán dispuestos a "contender" por ella en contra sus enemigos (cf. Judas 3), que son numerosos en todas las edades; y esto inevitablemente los llevará a adoptar y defender esa "forma de palabras sanas" (2 Tim. 1:13) que encuentran en las sagradas Escrituras. Por otro lado, que cualquier hombre imbibe la noción de que los credos y las confesiones son no escriturales, y por ende ilegales, y pasará de manera natural y rápida a la conclusión de que todo lo que se disputa por doctrinas es inútil, e incluso criminal. De allí se facilita la transición al abandono del estudio de la doctrina, o, al menos, su estudio celoso y diligente. Así es, que dejar a un lado todos los credos tiende naturalmente a hacer a los cristianos profesantes indiferentes al estudio de las verdades cristianas, comparativamente desinteresados en el logro del conocimiento religioso. Y por supuesto, ignorantes de "la fe que una vez fue entregada a los santos" (Judas 3).

No afirmo que ningún hereje haya sido celoso en publicar y defender sus opiniones corruptas. Las páginas de la historia eclesiástica muestran abundantemente que muchos de los defensores del error, tanto en la antigüedad como en la modernidad, han impugnado no solo de manera pertinente, sino incluso ferozmente, sus peculiares doctrinas. Pero mi posición es que los enemigos de todos los credos y confesiones suelen asumir un principio que, si se lleva a sus consecuencias legítimas, desalentaría todo celo en mantener las doctrinas peculiares del evangelio; que si se dejara de lado todo celo en mantener doctrinas peculiares, sería probable que se dejara de lado todo ardor y diligencia en estudiarlas; y que, si este fuera el caso, algo más antipático al crecimiento y la prevalencia del conocimiento cristiano difícilmente podría ser imaginado.

Mira el carácter suelto, vago e indeciso de la predicación que se escucha en las nueve décimas partes de los púlpitos unitarios y otros latitudinarios en los Estados Unidos, y, como supongo, en toda la cristiandad. Si los ocupantes de esos púlpitos tuvieran por objeto principal y distinto hacer a sus oyentes indiferentes acerca de la comprensión, y, por supuesto, indiferentes al estudio de las doctrinas fundamentales del evangelio, difícilmente podrían adoptar un plan más directamente calculado para alcanzar su fin, que el que en el fondo persiguen. Su clamor incesante es: "las cuestiones de opinión son entre Dios y la conciencia del hombre. Nadie tiene derecho a entrometerse entre Dios y la consciencia." Por lo tanto, en cumplimiento de esta máxima, se preocupan de entrometerse muy poco con las doctrinas distintivas del evangelio. Conjeturamos cuáles son sus opiniones doctrinales, en general, no tanto de lo que dicen, como de lo que no dicen. Y la verdad es que si este carácter de predicación llegara a ser universal, todos los puntos de vista discriminantes de la verdad del evangelioserían, en treinta años, desterrados de la iglesia.

Si los amigos de la ortodoxia y la piedad, entonces, realmente desean apreciar y mantener un amor por el estudio discriminante de la doctrina cristiana; un gusto por el conocimiento religioso; un espíritu de recelo por la verdad en oposición a esa miserable indiferencia a los artículos de fe, que está tan plagada de travesuras a toda comunidad cristiana en la que se encuentra; entonces tengan cuidado de presentar, y sean diligentes de mantener ante los ojos de los demás, y ante el público, ese "buen depósito" que se les ha ordenado "habiendo hecho la buena profesión ante muchos testigos" (cf. 1 Timoteo 6:12-13). Si no lo hacen; si, bajo el disfraz de la adhesión a esa gran máxima protestante, que la Biblia es la única regla infalible de fe y práctica (una verdad preciosa y muy importante que si es entendida correctamente entendida no puede repetirse con demasiada frecuencia), hablan y actúan como si todos los que profesan recibir la Biblia se encontraran parados sobre un terreno igualmente sólido y seguro; si, en una palabra, consideran innecesario, e incluso criminal, seleccionar de la masa de la verdad bíblica, y defender, como tal, las doctrinas fundamentales del evangelio. Entonces, nada menos que un milagro puede impedir que se hundan en esa frialdad y pereza con respecto al estudio de la doctrina, y finalmente en la deplorable "falta de conocimiento" por la cual millones son constantemente "destruidos" (Oseas 4:6).

5. Es un argumento de gran importancia a favor de los credos que la experiencia de todas las edades los ha encontrado indispensable.

Incluso en los días de los apóstoles, cuando toda su inspiración y todos sus poderes milagrosos eran insuficientes para disuadir a los herejes en difundir su veneno, los hombres, llamándose a sí mismos cristianos, profesando predicar la religión de Cristo, pervirtieron su verdad, y trajeron "otro evangelio" (Gálatas 1:6), que no había sido enseñado. Ante tal amenaza ¿cómo procedieron las iglesias? Un apóstol inspirado les ordenó que no se contentaran con una profesión general de creencia en la religión de Cristo por parte de aquellos que vinieron a ellos como maestros cristianos sino que los examinaran y probaran, y determinaran si sus enseñanzas eran conformes a la "forma de la sana doctrina" (2 Timoteo 1:13) que él les había enseñado. Y añade con terrible solemnidad: "Si alguno os predica diferente evangelio del que habéis recibido, sea anatema" (cf. Gálatas 1:9). Aquí encontramos, en efecto, una instancia de emplear un credo como prueba de ortodoxia ordenado por Dios mismo: es decir, los hombres que hacen una profesión general del cristianismo son dirigidos expresamente por un apóstol inspirado para ser puestos a prueba, en qué sentido entendieron ese evangelio del cual, en términos generales, declararon su recepción y cómo explicaron sus doctrinas principales. Parece, en efecto, que la confesión de fe que entonces se requería era muy corta y simple. Esto, las circunstancias peculiares de los tiempos, y la administración no menos peculiar de la iglesia, se hizo totalmente suficiente. Sin embargo, si la confesión era larga o corta, si constaba de tres artículos o de treinta, el principio era el mismo.

En el segundo siglo, en los escritos de Ireneo; y en el tercero, en los escritos de Tertuliano, de Orígenes, de Cipriano, de Gregorio y de Luciano, el mártir; encontramos una serie de credos y confesiones más formalmente trazadas, más detallados, y más extensos que las de la fecha anterior. Tenían la intención de dar testimonio contra las diversas formas de error que habían surgido; y mostrar claramente que, a medida que aumentaban las artes y las corrupciones de los herejes, la iglesia ortodoxa encontró que era indispensable prestar más atención a la adopción y el mantenimiento de estos formularios.

En el siglo IV, cuando la iglesia estaba aún más agitada por la prevalencia de la herejía, había una demanda aún más fuerte de pruebas acreditadas, por las que los herejes debían ser juzgados y detectados. De esta demanda nunca hubo un caso más sorprendente que en el Concilio de Nicea, cuando la herejía arriana estaba bajo la consideración de esa asamblea tan famosa. Cuando el Concilio inició el examen del tema, se consideró extremadamente difícil obtener de Arrio una explicación satisfactoria de sus puntos de vista. No solo estaba tan dispuesto como el divino más ortodoxo a profesar que creía en la Biblia, sino que también se declaró dispuesto a adoptar, como propio, todo el lenguaje de las Escrituras, en detalle, en relación con la persona y el carácter del bendito Redentor. Pero cuando los miembros del Concilio quisieron averiguar en qué sentido entendía este lenguaje, descubrió la disposición a evadir y equivocar, y en realidad, por un tiempo razonable, desconcertó los intentos de los más ingeniosos de los ortodoxos de especificar sus errores, y para traerlos a la luz. Declaró que estaba perfectamente dispuesto a emplear el lenguaje popular sobre el tema en controversia.

En consecuencia, los ortodoxos pasaron por los diversos títulos de Cristo claramente expresivos de la Divinidad como "Dios," "el Dios verdadero," la "imagen misma de su sustancia," etc. (Tito 2:13; 1 Juan 5:20; cf. Heb. 1:3) a cada uno de los cuales Arrio y sus seguidores se suscribieron con facilidad, reclamando el derecho, sin embargo, de animar cada expresión bíblica con su propia definición y conceptualización. Después de emplear mucho tiempo e ingenio en vano, tratando de arrastrar a este ingenioso jefe de sus lugares de acecho, y para obtener de él una explicación de sus puntos de vista, el Concilio encontró que sería imposible lograr su objeto siempre y cuando le permitieran al defensor afianzarse detrás de una mera profesión general de creencia en la Biblia.

Por lo tanto, hicieron lo que el sentido común, así como la palabra de Dios, había enseñado a la iglesia a hacer en todos los tiempos anteriores, y lo que únicamente puede detectar el error del ingenioso defensor. Expresaron, en su propio lenguaje, lo que ellos suponían ser la doctrina de las Escrituras sobre la Divinidad del Salvador. En otras palabras, redactaron una confesión de fe sobre este tema, al que invitaron a Arrio y a sus discípulos a suscribir. Los herejes se negaron; y así fueron virtualmente llevados al reconocimiento de que no entendían las Escrituras como el resto del Concilio las entendía, y, por supuesto, que la acusación contra ellos era acertada.

El mismo curso fue tomado por todos los piadosos testigos de la verdad en el medioevo cuando, en medio de la corrupción y la desolación circundante, se encontraron llamados a dar "testimonio de la verdad" (cf. Juan 18:37). Todos profesaron creer en la Biblia, y declararon su amor a ella; apelaron a la Biblia constantemente como la única regla infalible de fe y práctica; y la estudiaron con veneración incomparable y con mayor diligencia que cualquiera de los erroristas que les rodeaban. Pero al mismo tiempo, vieron la inutilidad de no hacer nada más que proclamar, en general, su adhesión al volumen sagrado. Esto no habría sido una distinción y, por supuesto, que no habría sido un testimonio de la verdad. No habría sido nada más que los enemigos más amargos de la verdad proclamaban con entusiasmo, e incluso clamorosamente, todos los días. Ellos, por lo tanto, hicieron lo que los amigos de la ortodoxia solían hacer en el antaño. De vez en cuando, enmarcaron credos, como exigía la iglesia, por medio de las cuales estaban habilitados para dar su testimonio por Dios, para reivindicar su verdad y para transmitir los memoriales de su fidelidad a las generaciones distantes.

Y finalmente, en la gloriosa Reforma, por la que se puede decir de nuevo que el gran Jefe de la iglesia ha "liberado a su pueblo" (cf. Juan 8:32, 36), y cuyo recuerdo nunca morirá al trazar la línea que separa "lo precioso de lo vil" (cf. Jeremías 15:19), los amigos de la verdad siguieron el mismo camino. Ellos, de un mismo sentir, formaron sus credos y confesiones, que sirvieron a la vez como una súplica por la verdad y como una barrera en contra de la herejía. Y no está de sobra decir que el volumen que contiene la colección de estos credos es uno de los monumentos más preciosos e imperecederos de la piedad, la sabiduría y el celo del siglo XVII.[3]

¿Cuál es, ahora, la inferencia, de toda esta experiencia de la iglesia de Dios, tan universal y tan uniforme? No se puede malinterpretar. Nos dice muchísimo. Cuando los amigos de la verdad en todas las edades y situaciones,

---

[3] El autor se refiere aquí a la *Confesión de Fe de Westminster*.

incluso aquellos que eran más tenaces de los derechos del juicio privado, y muy contentos de disfrutar de la libertad cristiana, han encontrado invariablemente necesario recurrir a la adopción de credos, para asegurarse por sí mismos, como cuerpo social, y para comunicar a los demás, para su beneficio, su sentido de las Sagradas Escrituras. Naturalmente, se nos lleva a concluir, no solo que el recurso no es tan "irrazonable" como muchos nos persuadirían a creer, sino que realmente no hay otro método viable para mantener la unidad y la pureza en la iglesia de Cristo.

6. Otro argumento a favor de los credos y las confesiones puede extraerse del hecho notable de que sus opositores más celosos han sido generalmente latitudinarios y herejes.

No afirmo que el uso de credos nunca haya sido rechazado por individuos sustancialmente ortodoxos, e incluso por iglesias ortodoxas. Se cree que han ocurrido algunos casos raros de esta anomalía bajo la influencia de fuertes prejuicios o circunstancias muy peculiares. Sin embargo, dentro de lo que puedo recordar, no tenemos ningún ejemplo de ello entre los antiguos. Estos casos son el producto de tiempos muy modernos. Tampoco, por otro lado, es mi propósito negar que los herejes a veces han sido extremadamente celosos en la formación y mantenimiento de los credos más corruptos. Por esto la historia temprana de la iglesia abunda con ejemplos, y sus períodos posteriores no han estado totalmente sin ellos.

Pero lo que me atrevo a afirmar es que, como hecho general, los oponentes más ardientes y celosos de los credos han sido los que tenían opiniones corruptas. Ninguno, llamándose cristianos, ha sido tan amargo en la renovación de ellos, en los tiempos modernos, como los amigos del unitarianismo, y aquellos que se inclinan hacia ese terrible abismo. Por otro lado, los más constantes y celosos defensores de la verdad han sido, en todas partes y en todo momento, distinguidos por su adherencia a las fórmulas de los credos y las confesiones. Esto tampoco ha sido en modo alguno una ocurrencia fortuita; pero precisamente lo que podría haberse esperado. Es una característica invariable de los ortodoxos que ponen gran énfasis en el conocimiento y la recepción de la verdad; que la consideran necesaria para la santidad; que consideran que una parte esencial de la fidelidad a su Maestro en el cielo consiste en preservarla y mantenerla en oposición a todas las formas de error. Por el contrario, es casi igual de invariable una característica de los herejes modernos, y más especialmente de los que caen bajo la denominación general de los unitarios, que profesan ligeramente la fe; que manifiestan una marcada indiferencia a la verdad; que, en su mayor parte, mantengan, en tantas palabras, la inocencia del error; y por lo tanto, de manera muy natural reprobarán, e incluso denigrarán, todos los intentos fieles de oponerse a la herejía, y de separar a los herejes de la iglesia.

De aquellos que se han alejado mucho o al menos han comenzado a partir de "la fe que ha sido una vez dada a los santos" (cf. Judas 3). Casi exclusivamente, escuchamos de la "opresión" y del "mal" de los credos y confesiones. ¿Y es de sorprenderse que aquellos que mantienen la inocencia del error no estén dispuestos a levantar vallas para mantenerlo fuera de la iglesia? ¿Es de sorprenderse que el arriano, el sociniano, el pelagiano desdeñen en exceso todos los formularios evangélicos que tienden a hacer visible la línea de distinción entre los amigos y los enemigos del Redentor? No, "los hombres," como se ha observado con frecuencia, "los hombres rara vez se oponen a los credos, hasta que los credos se oponen a ellos." Que no les guste y se opongan a ellos, en estas circunstancias, es tan natural como un culpable acusado ante un tribunal civil, también desdeña la ley, su sanción y sus funcionarios.

Por consiguiente, si echamos un vistazo hacia el interior de la historia de la iglesia, especialmente en el siglo pasado, encontraremos estos comentarios a menudo y sorprendentemente ejemplificados. Con pocas excepciones, encontraremos que cada vez que un grupo de hombres comenzó a resbalar, con respecto a la ortodoxia, en general intentaron romper, si no ocultar, su caída, declamando en contra de los credos y las confesiones. Rara vez han fracasado, de hecho, en protestar al principio, que no tenían objeciones a las doctrinas mismas de la confesión que habían suscrito, sino al principio de suscribir confesiones en absoluto. Pronto, sin embargo, se desarrolló gradualmente el hecho melancólico, que el desapego a las doctrinas que alguna vez parecían amar tenía más influencia en la dirección de su curso de lo que incluso ellos mismos se imaginaban, y que estaban retrocediendo más y más lejos del "buen camino" (Jeremías 6:16) en el que antes andaban con deleite. En verdad, esa causa es de carácter muy sospechoso al que los latitudinarios y los herejes, al menos en los tiempos modernos, casi por supuesto, rinden su apoyo; y que defienden con celo, en general, en proporción estricta a su odio a la ortodoxia!

7. El único argumento adicional en apoyo de los credos sobre el que comentaré es que sus más celosos opositores no han dudado en emplearlos en todos los procedimientos eclesiásticos.

La máxima favorita de los opositores de los credos es que todos los que creen en la Biblia, deben, sin vacilación, ser recibidos, no solo en la asamblea cristiana, sino también en la comunión ministerial. Pero esta máxima es invariablemente abandonada por aquellos que la instan, en el momento en que se presenta un caso que realmente lo lleva a la prueba. ¿Alguien alguna vez oyó hablar de una congregación unitaria que instalara como su pastor a un predicador calvinista, a sabiendas que él era tal? Pero, ¿por qué no, por el principio adoptado, o al menos profesado, por los unitarios? El calvinista ciertamente viene con su Biblia en la mano, y profesa creerla tan cordialmente como ellos. ¿Por qué no es suficiente? Sin embargo, sabemos que, de hecho, no es suficiente para estos defensores de la liberalidad ilimitada. Antes de que consienten en recibirlo como su guía espiritual, deben estar seguros de la manera en que interpreta la Biblia. En otras palabras, cuál es su credo particular; si es sustancialmente el mismo con el suyo propio o no; y si no están satisfechos de que este sea el caso, todas las demás profesiones y manifestaciones serán en vano. Será inexorablemente rechazado. Aquí, entonces, tenemos, en toda su extensión, el principio de exigir la suscripción a un credo y un principio llevado a cabo en la práctica tan rigurosamente como siempre fue por el más alto defensor de la ortodoxia.

Hemos visto antes que los amigos de la verdad en todas las edades han encontrado en su triste experiencia que una profesión general de creencia en la Biblia era totalmente insuficiente, ya sea como un vínculo de unión o como una valla contra los caminos del error. Y aquí encontramos los más calurosos defensores de una doctrina contraria, y con un lenguaje contrario en sus bocas, cuando vienen a actuar, siguiendo precisamente el mismo curso con los amigos de los credos, con una sola diferencia: que el credo que aplican como prueba, en lugar de ser un documento escrito y tangible, se oculta en las mentes de aquellos que lo emplean, y, por supuesto, puede aplicarse de la manera más caprichosa y tiránica, sin apelación alguna. Y además, que mientras que realmente actúan sobre este principio lo desatienden y persuaden al mundo de que proceden sobre un plan totalmente distinto.

¿Puede haber un hecho más concluyente que esto? Los enemigos de los credos no pueden pasar un día sin ellos. Es en vano decir que en su caso no se impone ningún credo, sino que todo es voluntario y se deja enteramente a la elección de las partes interesadas. Se verá a partir de ahora que lo mismo puede reivindicarse con la misma verdad, en todos los casos de suscripción a los artículos, por los que yo sostengo, sin ninguna excepción. No menos vano es decir, una vez más, que en su caso los artículos en que se insistían son pocos y simples, y de ninguna manera tan susceptibles de excepción como el credo largo y detallado que algunas iglesias han adoptado. Es el principio de suscripción a credos que ahora está en consideración. Si se puede establecer la legalidad e incluso la necesidad de actuar sobre este principio, nuestra causa queda favorecida. La medida en que debemos ir multiplicando los artículos es una pregunta secundaria, la respuesta a la cual debe depender de las exigencias de la iglesia que sostiene el credo. Ahora los adversarios de los credos, mientras rechazan totalmente la conveniencia, e incluso la legalidad, del principio general, pero muestran que no pueden dar siquiera un paso sin adoptarlo en la práctica. Ya es suficiente. Su conducta es más sólida que su razonamiento. Y no es de extrañarse. Su conducta es dictada por el buen sentido y la experiencia práctica, y se les impone por la evidente necesidad del caso mientras que su razonamiento es una teoría derivada de una fuente mucho menos iluminada, y menos segura.

Varios otros argumentos podrían instarse a favor de los credos escritos, pero los límites a los que estoy confinado en esta conferencia me prohiben ampliar más.

Es fácil demostrar que las confesiones de fe, juzgadamente elaboradas y solemnemente adoptadas por determinadas iglesias, no solo son invalorables como vínculos de unión y oposición al error; pero que también sirven un propósito importante, como manuales acreditados de la doctrina cristiana, bien equipados para la instrucción de aquellos miembros privados de las iglesias, que no tienen ni tiempo libre ni hábitos de pensar con el esmero debido para sacar de los Escritos Sagrados ellos mismos un sistema consistente de verdad. Es de incalculable uso para el individuo que tiene poco tiempo para leer y poco conocimiento de los libros para ser equipado con un claro y bien organizado compendio de doctrina, que está autorizado a considerar, no como la obra de un único, iluminado, y piadoso divino; pero según lo formulado y adoptado por la sabiduría recogida de la iglesia a la que él pertenece. A menudo hay una satisfacción para las mentes claras y poco sofisticadas al repasar un confesión artículo por artículo y examinar las pruebas aducidas de la palabra de Dios en apoyo de cada uno. "Pues recibieron la palabra con toda solicitud, escudriñando cada día las Escrituras para ver si estas cosas eran así" (Hechos 17:11).

También podría mostrarse que las confesiones de fe sólidas y bíblicas son de gran valor para transmitir a la posteridad un conocimiento de lo que hace la iglesia, en momentos particulares, en nombre de la verdad. Toda confesión de este tipo que se formula o se adopta por los seguidores de Cristo en una época es un legado precioso transmitido a sus hijos, y a todos los que puedan venir después de ellos, en una era sucesiva, no solo dando su testimonio a favor de la verdadera doctrina de Jesucristo, pero también arrojando más o menos luz sobre esas doctrinas, para la instrucción de todos los que se enfrentan con ese testimonio.

Capítulo 3

Respuestas a las objeciones a los credos y las confesiones

Pero mientras atendemos a los principales argumentos a favor de los credos escritos, la justicia al tema nos requiere que examinemos algunas de las principales objeciones que los opositores a los credos han hecho.

1. Y lo primero que mencionaré es que formar un credo, y requerir la suscripción a él como una prueba religiosa, es una imposición y un menosprecio de la Biblia; es hacer de una composición humana el estándar de fe. "La Biblia," dicen aquellos que insisten en esta objeción, "es la única regla infalible de fe y práctica. Es tan completa que no necesita adición humana y tan fácil de entender que no requiere explicación humana. ¿Por qué, entonces, debemos desear cualquier otro estándar eclesiástico? ¿Por qué suscribirse nosotros mismos o pedir a otros que se suscriban a cualquier otro credo que no sea esta sencilla, inspirada y perfecta Biblia? Cada vez que hacemos esto, hacemos una indignidad pública al volumen sagra-

do, como prácticamente declaramos ya sea que no es infalible o que no es suficiente."

Esta objeción es la más engañosa de todo el catálogo. Y aunque creemos que una respuesta suficiente ha sido proporcionada por algunos principios ya establecidos; sin embargo, la confianza con la que se repite cada día hace que una atención más detallada sea conveniente; más especialmente como lleva, a primera vista, tanto la apariencia de veneración peculiar para las Escrituras que muchos son cautivados por su aspecto factible y lo consideran decisivo.

Todo el argumento que presenta esta objeción se basa en una suposición falsa. Ningún protestante profesó nunca considerar su credo, considerado como una composición humana, como de igual autoridad con las Escrituras y mucho menos de autoridad suprema. Todo principio de este tipo es, con una sola voz, rechazado por todos los credos y por todas las defensas de credos que he leído alguna vez. Y si, a pesar de esto, la repetición constante de la acusación debe ser considerada como un argumento justo o una burda calumnia, el imparcial juzgará. Un credo de la iglesia profesa ser, como se observó antes, simplemente una síntesis o una exposición resumida de lo que las Escrituras enseñan. Profesa ser deducido de las Escrituras, y se refiere a las Escrituras para toda su autoridad. Por supuesto, cuando alguien se suscribe a un credo o a una confesión, lejos de deshonrar la Biblia, hace un homenaje público a ella. Simplemente declara, por un acto solemne, la manera en que entiende la Biblia en otras palabras y las doctrinas que considera que contiene.

En resumen, el lenguaje de un creyente ortodoxo, al suscribir su credo eclesiástico, es de suma importancia: Mientras que el sociniano profesa creer en la Biblia, y entenderla como si enseñase la mera humanidad de Cristo; mientras que el arriano profesa recibir la misma Biblia, y encontrar en ella al Salvador representado como el más exaltado de todas las criaturas, pero aún una criatura; mientras que los pelagianos y los semipelagianos hacen una profesión similar de su creencia general en las Escrituras, e interpretan como enseñanza de una doctrina mucho más favorable a la naturaleza humana, y mucho menos honorable a la gracia de Dios, que me parecen realmente enseñar; ruego el privilegio de declarar, para mí mismo, que, mientras creo con todo mi corazón que la Biblia es la palabra de Dios, la única regla perfecta de fe y práctica, y la única prueba final en todas las controversias; enseña claramente, como la leo y como la creo, la deplorable y total depravación de la naturaleza humana; la divinidad esencial del Salvador; una Trinidad de personas en la Divinidad; justificación por la imputada justicia de Cristo; y la regeneración y santificación por el Espíritu Santo, como indispensables para preparar el alma para el cielo. Creo que estas son las verdades radicales que Dios ha revelado en su Palabra; y en la medida que son negadas por algunos, y fingidas o pervertidas por otros que profesan creer en esa bendita palabra, estoy verdaderamente convencido de que son los principios fundamentales del plan de salvación.

Ahora, pregunto, ¿hay en todo este lenguaje, algo que sea deshonroso para la Biblia? Cualquier cosa que tiende a sustituir a su autoridad; o a introducir una regla, o un tribunal de autoridad suprema? ¿No hay, por el contrario, en todo el lenguaje y el espíritu de tal declaración, un reconocimiento de la Palabra de Dios como la autoridad suprema; y una expresión de creencia en ciertas doctrinas, simple y solamente porque se cree que son reveladas en esa palabra? En verdad, si esto es deshonrar las Escrituras, o establecer un estándar por encima de ellas, no queda significado alguna en ni en las palabras ni en las acciones.

Pero aún así se pregunta: ¿Por qué es necesario que se declare definitivamente lo que entendemos que las Escrituras enseñan? ¿No es la Biblia lo suficientemente inteligible en sí mismo? ¿Podemos hacer que sea más clara de lo que ha hecho su Autor? ¿Por qué sostener una vela al sol? ¿Por qué hacer un intento de hacer una prueba más explícita de lo que el que dio la Biblia ha pensado apropiado para enmarcar un intento, tan vano como presuntuoso?" A esta petición basta con responder que, aunque las Escrituras son indudablemente simples y tan claras que el que corre puede leer (cf. Habacuc 2:2) sin embargo, es igualmente cierto que miles de personas, de hecho, la malinterpretan. Esto no puede ser negado, porque miles la interpretan (y eso en puntos fundamentales) no solo de maneras diferentes, sino de maneras directamente opuestas. Por supuesto, todo no puede ser igual de correcto. ¿Puede ser incorrecto, entonces, que un hombre piadoso y ortodoxo en una iglesia piadosa exhiba, y se esfuerce por recomendar a otros, su modo de interpretar el volumen sagrado? Como el mundo es reconocido estar siempre, de hecho, lleno de errores y errores en cuanto al verdadero significado de las Sagradas Escrituras, ¿puede considerarse como una tarea superflua para aquellos que tienen más luz y opiniones más correctas, el sustentarlos a la vista, como un testimonio de la verdad, y como una guía para el que puede estar en error? Seguramente no puede. Sin embargo, esto no es ni más ni menos que precisamente la formación y el mantenimiento de una confesión de fe escritural que estoy pidiendo.

Sin embargo, se puede preguntar, ¿qué derecho tiene cualquier hombre, o conjunto de hombres, para interponer su autoridad y comprometerse a tratar el sentido de la Escritura para otros? ¿No es a la vez impío en sí mismo, y una asunción impropia sobre las mentes de nuestros semejantes? Respondo, este razonamiento resultaría de sobras, y por lo tanto no prueba nada. Porque, si se admite, demostraría que toda predicación del evangelio es presuntuosa y criminal; porque la predicación siempre consiste en explicar y hacer cumplir la Escritura, y eso, en su mayor parte, en las palabras del mismo predicador. De hecho, si la objeción que tenemos ante nosotros fuera válida, demostraría que todos los escritos piadosos de los más eminentes teólogos, en todas las edades, que han tenido por objeto elucidar y aplicar la Palabra de Dios, eran profanados y arrogantes intentos de tergiversar la revelación de Dios, y mejorarlo para promover su gran diseño. No, inclusive si aceptamos la premisa de esta objeción, no solo se deduce que ningún ministro del evangelio debería hacer más en el púlpito que simplemente leer o repetir las mismas palabras de la Escritura; pero es igualmente evidente que debe leer o repetir las Escrituras a sus oyentes sólo en los idiomas en que fueron dados a la iglesia. Porque, como se ha observado a menudo, no se puede decir que las palabras de cualquier traducción de la Biblia son las mismas palabras del Espíritu Santo. Son solo las palabras que los hombres no inspirados han elegido, en las que expresar, tan cerca como pudieron, el sentido del original. Si, por lo tanto, la objeción que tenemos ante nosotros es admitida, ningún hombre tiene la libertad de enseñar las grandes verdades de la revelación de ninguna otra manera que repitiendo literalmente el texto hebreo del Antiguo Testamento, y el griego del Nuevo, en la audiencia del pueblo. ¡Tan extremo es el absurdo al que un principio erróneo no dejará de llevar a aquellos que son lo suficientemente débiles, o lo suficientemente audaces, a seguirlo a sus consecuencias legítimas!

Pero, después de todo, ¿qué dicen los hechos sobre este tema? ¿Son esos individuos o iglesias, que han sido más distinguidos por su apego y adhesión a los credos, más independientemente de la Biblia que otros cristianos profesantes? ¿Parecen tener menos estima por la Biblia? ¿La leen menos? ¿Apelan con menos frecuencia a ella, como su gran y última autoridad? ¿La citan más raramente, o con menos respeto en su predicación? Cuando una vez se refieren a sus credos o catecismos, ya sea por autoridad o ilustración, en el púlpito, ¿no se refieren, notoriamente, a la Biblia mil veces? ¿Se toman menos esfuerzo que otros para impresionar el contenido del volumen sagrado en las mentes de sus hijos, y para tenerla como el objeto incesante de estudio para todos? Miren a las iglesias reformadas de Escocia y Holanda, de Francia y Ginebra, en su mejor estado, cuando sus confesiones de fe fueron más veneradas, y tuvieron más poder, y luego digan, si alguna iglesia, desde los días de los apóstoles, descubrió más reverencia por las Escrituras, o los trató con un respeto más devoto, como el único estándar perfecto de fe y práctica, que ellos. ¿No estoy justificado en hacer un llamamiento similar con respecto a las iglesias en nuestra tierra que han sido más distinguidas por su apego a los credos? ¿No son sus ministros, en general, tan notables por muy raramente citar sus propios formularios eclesiásticos, ya sea para prueba o ilustración, como lo son por sus constantes y abundantes citas de las Escrituras para ambos propósitos? ¿Puede la misma repetición incesante y devota a los oráculos sagrados ser atribuida con la misma verdad al gran cuerpo de los opositores de los credos, en tiempos antiguos o modernos? No voy a presionar esta comparación en más detalle; pero no tengo temor de que incluso el enemigo más amargo de los credos, que tiene un conocimiento tolerable de los hechos, y la porción más pequeña de candor, se aventurará a decir que el resultado, bastante deducido, favorece su causa.

2. Otra objeción que frecuentemente se hace a los credos de la iglesia es que interfieren con los derechos de la conciencia, y naturalmente conducen a la opresión. "¿Qué derecho", dicen aquellos que instan esta objeción, "tiene alguna iglesia, o cuerpo de iglesias, para imponer un credo sobre mí, o dictarme lo que creeré? Intentar tal dictamen es tiranía; someterse a él es renunciar al derecho de juicio privado".

Habría algún motivo para esta objeción, si un credo fuera, en cualquier caso, impuesto por el gobierno civil, o por una iglesia establecida; si alguno estuviera obligado a recibirla, bajo fuertes dolores y discapacidades, si lo aprobaran o no. Pero como tal caso no existe y, felizmente, no puede existir en nuestro país preferido, la objeción es sin duda tan ilegítima en el razonamiento, como es falsa de hecho. Uno se siente tentado a sospechar que aque-

llos que instan tal objeción entre nosotros la han fabrica-
do en sus manos, por personas que viven bajo gobiernos
civiles y establecimientos eclesiásticos de carácter opre-
sivo; y viéndolo como un arma que podría ser manejada
con mucho efecto popular, lo han llevado a su servicio, y
así se han negado a abandonarlo; aunque resultó mil veces no tener más aplicación a ningún credo o iglesia en
los Estados Unidos, que a los habitantes de otro planeta.

Seguramente nadie negará que un cuerpo de cristianos
tenga derecho, en cada país libre, a asociarse y caminar
juntos sobre los principios que puedan decidir acordar, no
inconsistentes con el orden público. Tienen el derecho de
acordar y declarar la manera en que entienden las Escrituras; los artículos encontrados en las Escrituras que
coinciden en considerar fundamentales; y de qué manera
tendrán su predicación pública y su conducta eclesiástica,
para la edificación de sí mismos y de sus hijos. No tienen
derecho, en efecto, a decidir o juzgar por otros, ni pueden
obligar a ningún hombre a unirse a ellos. Pero es seguramente su privilegio juzgar por sí mismos, acordar el plan
de su propia asociación, determinar sobre qué principios
recibirán a otros miembros en su comunión, y formar un
conjunto de reglas que excluirán de su cuerpo a aquellos
con quienes no pueden caminar en armonía. La pregunta
no es si hacen, en todos los casos, un uso sabio y escritural de este derecho a seguir los dictados de la conciencia,
sino si poseen el derecho en absoluto de hacerlo. Son, en
efecto, responsables del uso que hacen de ella, y solemnemente responsables ante su Maestro en el cielo; pero
para el hombre no pueden, y no deben, ser obligados a
rendir ninguna cuenta. Es su propios asunto. Sus semejantes no tienen nada que ver con ello, siempre y cuando

no cometan ningún delito contra la paz pública. Decidir lo contrario sería realmente una indignación sobre el derecho a la sentencia privada. Si los principios de la libertad civil y religiosa generalmente prevalecientes en nuestro feliz país son correctos, la manifestación misma no puede ser más incontrovertible que estas posiciones.

Pero si un cuerpo de cristianos profesantes tiene el derecho natural de asociarse, de extraer su propio credo de las Escrituras, y de acordar los principios por los cuales otros pueden ser admitidos después en su número; ¿no es igualmente evidente que tienen el mismo derecho a negarse a admitir a aquellos con quienes, creen, no pueden estar cómodamente conectados?

Supongamos que una iglesia se asocia realmente sobre el principio establecido, su credo y otros artículos adoptados, y publicados para la información de todos los que deseen ser informados y sus miembros caminando juntos en armonía y amor. Supongamos que, mientras las cosas están en esta situación, una persona viene a ellos, y se dirige así: "Pido que se me permita entrar en su cuerpo, aunque no puedo creer las doctrinas que profesan creer, ni consentir que se rijan por las reglas que han acordado adoptar". ¿Qué respuesta podrían darle? Sin duda responderían: "su demanda es muy irrazonable. Nuestra unión es voluntaria, para nuestro beneficio espiritual mutuo. No le hemos pedido que se una a nosotros; y tú no tienes el derecho de forzarte a ti mismo en nuestro cuerpo. Todo el mundo está delante de ti. Vaya donde quieras. No podemos estar de acuerdo en recibirte, a menos que estés dispuesto a caminar con nosotros sobre nuestros propios principios". Sin duda, una respuesta de este tipo sería considerada una respuesta adecuada por toda persona razonable. Supongamos, sin embargo, que este solicitante todavía quiera exigir su petición; reclamar la admisión como un derecho; y, al ser finalmente rechazado, quejarse de que la sociedad lo había "perseguido" y "herido". ¿Alguien pensaría que tenía sentido común? No, ¿no dejaría de ser libre la sociedad en cuestión, si pudieran verse obligados a recibir a tal solicitante, en lugar de ser opresores de otros?

El mismo principio se aplicaría aún más fuertemente, en caso de que un clérigo se ofreciera a tal iglesia, como candidato para el oficio de pastor entre ellos. Supongamos que, cuando parecía hacer una oferta de sus servicios, le presentaran una copia de ese credo, y de esa forma de gobierno y de culto que habían adoptado por unanimidad, y decir, "esto es lo que creemos. Fingimos no prescribir a los demás; pero así hemos aprendido de Cristo (cf. Efesios 2:20); así entendemos las Escrituras; y así queremos que nos instruya a nosotros, a nuestros hijos, y a todos los que nos buscan guía. ¿Puedes suscribirte a estos formularios? ¿Estás dispuesto a venir entre nosotros sobre estos principios, y, como nuestro pastor, así para comer con nosotros, y con nuestros pequeños, lo que nosotros juzgamos "el pan de la vida" (Juan 8:35, 48). ¿Podría el candidato quejarse de tal demanda? Muchos hablan como si la iglesia, al ponerlo a esta prueba, se comprometiera a "juzgar por él". Pero nada puede ser más lejos de la verdad. Solo se comprometen a juzgar por sí mismos. Si el candidato no puede o no acepta la prueba, será rechazado. Pero, en este caso, no se transmite juicio sobre su estado con Dios; no se le emite ninguna censura eclesiástica, ni siquiera la más pequeña. Las iglesias sólo reivindican el derecho a ser servido en el oficio ministerial por un hombre de la misma religión con ellos mismos profesan. ¿Y es una demanda irrazonable? ¿No son recíprocos los derechos de conciencia? ¿O exigen, que mientras una iglesia esté prohibida a "oprimir" a un individuo, se le permitirá a un individuo "oprimir" a una iglesia? Seguramente no parece ser necesario una respuesta.

En consecuencia, las transacciones de la vida secular proporcionan cada día una refutación práctica de la objeción que estoy considerando ahora. El jefe de familia, ¿cuándo una persona solicita ser recibida como residente bajo su techo, duda alguna vez de que tiene derecho a preguntar si el solicitante está dispuesto a cumplir las normas de su familia o no; y si rechaza esta conformidad, para negarle la admisión? E incluso después de haber sido recibido y juzgado, por un tiempo, si demuestra ser un miembro incómodo, ¿no todos consideran que el jefe de la familia esté en libertad para excluirlo? ¿No tienen todos los padres, y, por supuesto, toda asociación voluntaria de padres, el derecho reconocido de determinar qué calificaciones necesitarán en un preceptor para sus hijos; y, si es así, de llevar a todos los candidatos a la prueba acordada, y de rechazar a aquellos que no se corresponden con ella? Y si un candidato que reunió las calificaciones requeridas y que, por supuesto, fue rechazado, debería hacer un gran clamor de que hubiese sido "tiránicamente" privado del lugar al que aspiraba, ¿No pensaría todo el mundo que estaba loco o peor que loco? El mismo principio se aplica a toda asociación voluntaria, para fines morales, literarios o legales. Si los miembros no tienen derecho a ponerse de acuerdo sobre los principios que asociarán, y a negarse a ser miembros de aquellos que se sabe que son totalmente hostiles al gran objeto de la asociación, hay un fin de toda libertad. De la verdad evidente de todo esto, nadie duda. Pero ¿dónde está la diferencia esencial entre cualquiera de estos derechos, y el derecho de cualquier comunidad de cristianos profesantes a ponerse de acuerdo sobre lo que ellos consideran los principios bíblicos de su propia unión; y rechazar la admisión en su cuerpo de aquellos a quienes consideran que son antipáticos para los grandes propósitos de la verdad y la edificación, para la promoción de la que se asociaron? Negarles este derecho, sería hacerlos esclavos de hecho!

Sin embargo, probablemente se alegará que una iglesia no puede, propiamente dicho, ser considerada como una asociación voluntaria; que es una comunidad instituida por la autoridad de Cristo; que sus leyes son dadas por él, como su cabeza y Señor soberano; y que sus gobernantes son, de hecho, sólo mayordomos, obligados a conformarse en todo lo que hacen a su voluntad; que, si la iglesia fuera suya, tendrían el derecho de cerrar sus puertas a quien les agradara; pero como es de Cristo, deben encontrar alguna otra regla de proceder que sus propias voliciones. Esto es, sin duda, todo cierto. La iglesia de Cristo ciertamente no puede ser considerada como una mera asociación voluntaria, en el mismo sentido en que muchas otras sociedades son así llamadas. Es propiedad de Cristo. Su voluntad es la base y la ley de su establecimiento y, por supuesto, ninguno puede ser admitido o excluido, sino sobre principios que su propia Palabra prescribe. Esto, sin embargo, no altera, ni en "una jota ni en un tilde", el espíritu del razonamiento anterior.

La unión de los cristianos en un estado eclesiástico debe

ser, sin embargo, desde la naturaleza de las cosas, un acto voluntario; porque si no fuera así, no sería un acto moral en absoluto. Pero si la unión es voluntaria, entonces aquellos que la forman deben ciertamente tener el derecho de seguir sus propias convicciones en cuanto a lo que su Divino Maestro ha revelado y se ha incorporado respetando las leyes de su unión. Si no deben juzgar en este asunto, ¿quién, pregunto, debe juzgar por ellos? ¿Ha prescrito el Jefe de la iglesia, entonces, cualquier calificación necesaria para la membresía privada, o para la admisión a la oficina ministerial, en su iglesia? Si es así, ¿cuáles son? ¿Será suficiente algún grado de alejamiento de la pureza de la fe o de la práctica para excluir al hombre? ¿Si lo quiere, a quién ha comprometido nuestro Señor la tarea de aplicar su ley, y juzgar en alguna facilidad particular? ¿A los solicitantes o a los delincuentes mismos; o a la iglesia en la que se desea la membresía? Si a este último, ¿en qué principio está obligada a proceder? Como sus miembros se han asociado voluntariamente para su instrucción mutua y edificación en cosas espirituales, no tienen derecho a estar satisfechos de que el individuo que solicita ser recibido entre ellos, ya sea como miembro privado o ministro, entretenga opiniones, y tenga un carácter: ¿Cuál será consistente con el gran objeto que buscan? ¿Puede alguno de esos individuos negarse razonablemente a satisfacerlos en cuanto a la conformidad de sus sentimientos religiosos con los suyos, si piensan que tanto la ley de Cristo como la naturaleza del caso, hacen necesaria tal conformidad a la comunión cristiana? Si no pudiera razonablemente negarse a dar satisfacción verbalmente sobre este tema, ¿podría, con más razón, negarse a expresar sus propios sentimientos por escrito y suscribir su nombre a esas declaraciones escritas? Seguramente declinar mientras que él consintió para dar una exposición verbal de su credo, llevaría la apariencia de caprichos singulares o perversos. Pero si no se pudiera hacer ninguna objeción racional a su suscripción de una declaración, redactada con su propia mano, no sería exactamente lo mismo, que el espíritu de la transacción, si con una visión, simplemente para averiguar el hecho de su creencia, para no dictar leyes a su conciencia, una declaración, previamente redactada por la propia iglesia, debe ser presentada para su firma voluntaria? Lo que se requiere de un individuo en tal caso no es que él crea lo que la iglesia cree; pero simplemente declarará, de hecho, si posee esa creencia que, desde su solicitud voluntaria para ser recibida en comunión cristiana con esa iglesia, puede presumirse que lo posee.

Una vez más, pregunto, ¿es posible negar a una iglesia este derecho, sin atentar en contra de la raíz de todo lo sagrado en las convicciones de la conciencia, y de todo lo que es precioso en el disfrute de la comunión cristiana? En efecto, le doy por sentado que, como su autoridad se basa enteramente en la voluntad declarada de Cristo, no tiene derecho, a la vista de Dios, a proponer a un candidato, más que un credo ortodoxo sólido. No se puede considerar que tiene derecho, sobre este principio, a exigir su consentimiento a los principios anti-bíblicos. Sin embargo, como los derechos de conciencia son inalienables; y como toda iglesia debe ser considerada, por supuesto, como verdaderamente convencida de que está actuando de acuerdo con la voluntad de su Maestro, debemos concederle el derecho plenario, a la vista del hombre, de exigir a los que se unan a ella, un consentimiento solemne a sus formularios.

Pero, tal vez, se le preguntará, cuando un hombre ya se ha convertido en miembro, o ministro de una iglesia, en virtud de una suscripción voluntaria y honesta a sus artículos, y luego altera su posición; si es excluido de su comunión como miembro privado, o depuesto como ministro, ¿no hay aquí la "opresión"? ¿No se le está infligiendo a un hombre una "pena pesada" por sus "opiniones", "castigándolo" por sus "convicciones sinceras y concienzudas"? Respondo, si el Señor Jesucristo no solo ha autorizado, sino que ha ordenado solemnemente a su iglesia que saque a lo herético, así como lo inmoral, de su comunión, y que retire totalmente su semblante de aquellos que predican "otro evangelio" (Gálatas 1:6); entonces se manifiesta que la iglesia, al actuar sobre esta autoridad, no causa ninguna herida. Al excluir a un miembro privado de la comunión de una iglesia, o al deponer a un ministro del cargo en el ejercicio regular y bíblico de la disciplina, no priva ninguno de los derechos naturales. Solo se retira lo que se pidió voluntariamente, y se concedió voluntariamente, y que pudo haber sido, sin injusticia, retenido. Solo está diciendo prácticamente, "ya no puedes, de manera consistente con nuestros puntos de vista, ni en obediencia a Cristo, ni para la edificación cristiana, ser un ministro o un miembro con nosotros. Usted puede ser tan feliz y tan útil como usted puede en cualquier otra conexión; pero debemos eliminar esa autoridad y esos privilegios que una vez le dimos, y de los cuales su ejercicio adicional entre nosotros sería subversivo de aquellos principios que estamos solemnemente comprometidos a apoyar". ¿Es este lenguaje irrazonable? ¿Es opresiva la medida que se contempla? Sería más justo en sí mismo, o más favorable a los derechos de conciencia, que cualquier persona pudiera conservar su lugar como maestro y guía en una iglesia, en contra de sus deseos; a la subversión de su fe; a la perturbación de su paz; y finalmente al peligro de su existencia; y todo esto contrario a sus propios compromisos solemnes, y a la clara comprensión de sus miembros, cuando se unió a ellos? Seguramente todos los amigos de la libertad religiosa responderían indignadamente, "¡no!" Tal iglesia sería el partido oprimido, y tal miembro, el tirano.

La conclusión, entonces, es que cuando una iglesia hace uso de un credo de la manera que se ha descrito como un vínculo de unión, como una barrera contra lo que considera herejía, Y de conformidad con lo que concienzudamente cree que es la voluntad de Cristo, está lejos de invadir los "derechos" de los demás; en lugar de ser considerado una "opresión"; que es realmente, de la manera más iluminada y a la mayor escala, mantener los derechos de conciencia; y que para tal iglesia, en lugar de hacerlo, renunciar a su propio testimonio de la verdad y el orden de la casa de Dios; renunciar a su propio consuelo, paz y edificación, en aras del cumplimiento de las exigencias irrazonables de un individuo corrupto, sería someterse a lo peor de la esclavitud. ¿Qué cosa es la subyugación de los muchos, con todos sus intereses, derechos y felicidad al dictado de uno, o de unos pocos, sino la esencia de la tiranía?

3. Una tercera objeción que a menudo se insta contra la suscripción a credos y confesiones es que es antipático a la libre investigación. "Cuando un hombre," dicen los enemigos de los credos, "una vez ha suscrito un formulario público, y ha tomado su posición eclesiástica con una

iglesia que lo requiere, debe continuar creyendo hasta el final de la vida o renunciar a su lugar; nueva luz en abundancia puede ofrecerse a su punto de vista; pero debe cerrar los ojos contra ella. Ahora bien, ¿puede ser correcto," dicen ellos, "que alguien voluntariamente se coloque en circunstancias de tanta tentación; que esté dispuesto a ponerse al alcance de fuertes incentivos para alterar la conciencia y resistir la convicción?"

En respuesta a esta objeción, mi primera observación es que cuando un hombre asume el oficio solemne y altamente responsable de un instructor público de otros, debemos suponer que ha examinado el más importante de los diversos credos (llamados cristianos) con toda la deliberación, sinceridad, y oración, de la cual es capaz, y que ha decidido con respecto a las doctrinas principales de las Escrituras. Suponer que cualquiera que sea capaz de entrar en las funciones del oficio ministerial mientras esté vacilando y no resuelto, y que pueda ser "llevado por todo viento de doctrina" (cf. Efesios 4:14), es suponer algo que es tanto débil como criminal en gran medida. Sé, de hecho, que algunos oponentes ardientes de credos consideran un estado de indecisión total, incluso con respecto a las principales doctrinas teológicas, como el estado de ánimo más loable y deseable. Desean que todo hombre no solo se sienta aprendiz hasta el final de la vida, lo cual es sin duda correcto, sino que también, si es posible, se mantenga en ese equilibrio mental con respecto a las opiniones doctrinales más importantes, lo que equivaldría a una perfecta indiferencia, ya sea que conserve o renuncie a sus sentimientos presentes. Esto se elogia, como una "apertura a la convicción", "libertad de consciencia", etc. sin dejar de combatir este sentimiento en general, dudo en no pronunciarlo irrazonable en sí mismo, contrario a las Escrituras, y enemigo de toda estabilidad y consuelo cristiano. Sabemos lo que se dice en la palabra de Dios, de aquellos que "siempre están aprendiendo y nunca pueden llegar al conocimiento de la verdad" (2 Timoteo 3:7). Lo repito, hay que suponer que el que se compromete a ser maestro de los demás, sea él mismo, como lo expresa el apóstol, "fundados y firmes en la fe" (cf. Colosenses 1:23). Debemos considerar, pues, que tenemos toda la seguridad que admite la naturaleza del caso, que el que se presenta como uno de los luminarios y líderes de una comunidad religiosa es firme en los principios que ha profesado, y no será muy apto, esencialmente, para alterar su credo.

Pero, además, se podría instar a la misma objeción, con la misma fuerza, en contra de que un hombre haga una declaración pública de sus sentimientos, ya sea predicando o escribiendo; para que después obtenga más luz, y sin embargo se sienta tentado a adherirse, contrariamente a su conciencia, a lo que antes confesaba públicamente. ¿Pero cualquier ministro honesto del evangelio piensa que es su deber renunciar a predicar, o de otra manera expresar sus opiniones, porque es posible que después las cambie? Sabemos que si el predicador de una congregación unitaria debe alterar sus puntos de vista, y llegar a ser ortodoxo, debe abandonar su lugar, renunciar a su salario, y buscar empleo entre sus nuevas conexiones. Lo mismo sucedería si ocurriera un cambio en lo contrario, y un predicador ortodoxo se convirtiera en unitario. ¿Y entonces qué? Porque un hombre honesto, cuando cambia de opinión sobre el tema de la religión, siempre se mantendrá dispuesto a cambiar su situación, y a hacer todo el sacrificio necesario, por lo tanto, nunca se aventuren a tomar cualquier estación pública, para que no siempre piense como lo hace en la actualidad?

No, esta objeción, si prueba algo, prueba demasiado, incluso para nuestros propios opositores. Los adversarios de los credos reconocen, con un solo consentimiento, que cada uno debe estar listo para profesar su creencia en la Biblia. Pero, ¿ni siquiera esta profesión es tan responsable de la acusación de ser "antipática a la libre investigación" como cualquier otra? Supongamos que alguien, después de declarar solemnemente su creencia en la Biblia, deja de creerlo. ¿Estaría obligado a considerar su antigua suscripción como vinculante y como un obstáculo para un examen más detenido? ¿O sería razonable en cualquier hombre declinar cualquier profesión de creencia en la Biblia, para que él, algún día, altere su opinión, y se sienta avergonzado por su profesión?

No cabe duda de que todo acto público en el cual un hombre se compromete, incluso como miembro privado, a cualquier denominación particular de cristianos, interpone algún obstáculo en el camino de su posterior abandono de esa denominación, y de unirse a otro. Y, tal vez, se pueda decir, cuanto más delicada y honorable sea su mente, más renuente y lento será en abandonar sus viejas conexiones y elegir otras nuevas. Para que uno tal realmente se va a trabajar bajo la tentación de resistir la luz, y permanecer donde está. Pero porque esto es así, un hombre por lo tanto, nunca se unirá a ninguna iglesia; nunca tome un paso que, directa o indirectamente, comprometa su credo o carácter religioso, para que no pueda después alterar su opinión, y se vea obligado a transferir su relación a un cuerpo diferente, y por lo tanto ser responsable de encontrarse avergonzado por sus pasos anteriores? Sobre este principio, debemos ir más allá, y adoptar la doctrina, igualmente absurda y pagana, de que ningún padre debe instruir a su hijo en lo que él considera las verdades más preciosas del evangelio, para que no llene su mente de prejuicios, y presente un obstáculo para la investigación libre después. Porque no puede haber duda de que la instrucción temprana de los padres presenta más o menos obstáculo, en el camino de un cambio de opinión posterior, sobre aquellos temas que dicha instrucción abrazó. Sin embargo, nuestro Padre celestial nos ha ordenado expresamente instruir a nuestros hijos y esforzarnos por ocupar sus mentes con todo lo que es excelente tanto en principio como en la práctica. En resumen, si la objeción que tenemos ante nosotros es válida, entonces nadie debería seguir adelante en el cumplimiento de cualquier deber; porque algún día puede dejar de considerarlo un deber; en otras palabras, debería habitualmente, y en principio, desobedecer algunos de los mandamientos más duros de Dios, para que no después entretenga diferentes puntos de vista de esos mandamientos, de los que sostiene en la actualidad. No, si esto es así, entonces cada libro que un hombre lee, y toda investigación cuidadosa y profunda que haga sobre cualquier tema, debe ser considerada como tendiendo a influir en la mente, e interferir con perfecta imparcialidad en cualquier investigación posterior sobre el mismo tema; y, por lo tanto, ¡hay que olvidarlo!

Seguramente ningún hombre en sus sentidos juzgaría o actuaría así. Especialmente, ningún cristiano se permitiría así razonar o actuar. En el camino de lo que parece ser el deber presente, se siente obligado a seguir adelante, dejando las cosas futuras con Dios. Si la suscripción a un credo correcto es realmente agradable a la voluntad de Dios; si es necesario, tanto a la pureza y armonía de la iglesia; y, por lo tanto, en sí mismo un deber; entonces nadie debería dudar más del cumplimiento de este deber, que en el cumplimiento de cualquiera de los deberes que se han mencionado, o de cualquier otro que pueda ser supuesto. No hay estación en la vida en la que su ocupante no encuentre alguna tentación peculiar. Pero si es un hombre de espíritu correcto, mostrará integridad cristiana, y lo vencerá con coraje cristiano. Si es un hombre verdaderamente honesto, será fiel a su Dios, y fiel a su propia conciencia, a todo riesgo; y si no es honesto, no será muy probable que beneficie a la iglesia por sus descubrimientos y especulaciones. En consecuencia, la voz de la historia confirma este razonamiento. Por un lado, ¡cuántos miles de casos han dado los dos últimos siglos a hombres que estaban dispuestos a incurrir no solo en el reproche, sino también en el encarcelamiento, e incluso la muerte misma, en sus formas más espantosas, en lugar de abandonar la verdad, y suscribirse a los formularios que no podían adoptar concienzudamente! Por otro lado, ¿cuántos casos han ocurrido, en los últimos cincuenta años, de hombres sin principios, después de suscribir solemnemente a credos ortodoxos, sin tener en cuenta sus votos, y oponiéndose al espíritu de esos credos, y aún manteniendo sus estaciones eclesiásticas, sin reserva? Es claro, entonces, que toda esta objeción, aunque es piadosa, no tiene la menor solidez. Los hombres verdaderamente rectos y piadosos siempre seguirán sus convicciones; mientras que, con respecto a los de un carácter opuesto, su luz, ya sea que permanezcan o se vayan, será encontrada de ningún valor, ni para ellos mismos, ni para la iglesia de Dios.

4. Una cuarta objeción que con frecuencia se plantea contra los credos es que han fracasado totalmente en responder a su propósito. "Las iglesias", se dice, "que tienen los credos más cuidadosamente formulados, y del carácter más rígido, están tan lejos de estar unidas en opiniones doctrinales, a comparación de otras que nunca han tenido credos en absoluto, o han omitido profesamente desde hace mucho su suscripción. Por mencionar solo dos ejemplos: La Iglesia de Inglaterra, durante casi tres siglos, ha tenido un conjunto de artículos decididamente calvinistas, a los que todos sus candidatos para el ministerio estaban obligados a suscribirse; pero sabemos que han pasado más de ciento cincuenta años, desde que los principios del pelagianismo y el semi-pelagianismo comenzaron a contaminar esa importante rama de la iglesia reformada; y que en los últimos setenta y cinco u ochenta años, casi toda forma de herejía ha acechado bajo suscripción a sus Artículos ortodoxos. E incluso la Iglesia de Escocia, que ha tenido, durante casi dos siglos, la confesión más rígida y diminuta de la tierra, se supone generalmente, a esta hora, tener un ministerio lejos de ser unánime en amar y honrar sus estándares públicos. Ahora bien, si los credos no han sido, de hecho, productivos para gran beneficio que se les ha propuesto, incluso en algunos de los casos más favorables que pueden producirse, ¿por qué estar perplejos y agobiados con ellos?"

Evidentemente, esta objeción se basa en el principio de que un remedio que no lo logra todo no vale nada. Puesto que los credos no han desterrado completamente la disensión y la discordia de las iglesias que los han adoptado, por lo tanto no han sido de utilidad. Pero, ¿es esto un razonamiento sólido? ¿Concuerda incluso con el sentido común, o con los dictados de la experiencia en cualquier camino de la vida? Debido a que la Constitución de los Estados Unidos no ha defendido completamente a nuestro país de toda animosidad y lucha política, ¿es, por lo tanto, inútil? ¿O deberíamos haber estado más unidos y armoniosos sin ninguna disposición constitucional? Como el sistema de derecho público no aniquila todo el crimen, ¿deberíamos, por supuesto, estar igual de bien sin él? Nadie dirá esto. No, ¿no puede la objeción ser replicada en aquellos que la instan? Sostienen que los credos son innecesarios; que la Biblia es ampliamente suficiente para todos los propósitos, como prueba de la verdad. ¿Pero la Biblia ha desterrado la disensión y la discordia de la iglesia? Nadie pretenderá que lo ha hecho. Sin embargo, ¿por qué no? Seguramente no por ningún error o defecto en la Biblia misma, sino por la locura y perversión del hombre depravado, que, en medio de todas las disposiciones de la infinita sabiduría y bondad, está continuamente luchando contra la paz del mundo.

Pero iré más allá, y sostendré que la historia de la influencia práctica de los credos está fuertemente a su favor. Aunque no han hecho todo lo que se podría haber deseado, han hecho mucho; y mucho en esas mismas iglesias que han sido seleccionadas con más frecuencia como ejemplos de su fracaso. Los artículos calvinistas de la Iglesia de Inglaterra fueron los medios de mantener su pureza doctrinal, en un grado muy notable, durante la mayor parte de cien años. En el reinado de James I, muy pocos opositores del calvinismo se atrevieron pública-

mente a rebatir sus opiniones; y de aquellos que los reba-
tieran, la mayoría fueron severamente disciplinados, y
otros se salvaron de un tratamiento similar por el silencio
y la discreción subsecuentes. Los caminos del error, por
lo tanto, se verificaron muy poderosamente, y su triunfo
se retrasó mucho por esos estándares públicos. De hecho,
el gran cuerpo de los obispos y del clero profesaba ser
calvinistas doctrinales, hasta varios años después del Sínodo de Dort, cuando, principalmente por la influencia
del arzobispo Laud, y sus discípulos, el arminianismo fue
gradual y cautelosamente introducido, en consecuencia
de lo cual la aplicación fiel de los Treinta y Nueve Artículos, como prueba de ortodoxia, y de admisión al ministerio, fue descontinuada. Los Artículos seguían hablando como antes, y se suscribieron solemnemente; pero
el espíritu de su administración ya no era el mismo. Se
convirtió predominantemente arminiano. Podemos decir
verdaderamente, entonces, que el credo de la Iglesia de
Inglaterra continuó operando eficazmente como un
vínculo de unión, y una barrera contra las invasiones de
herejía, siempre y cuando se siguiera aplicando fielmente, de acuerdo con su conocida competencia original.
Cuando dejó de aplicarse así, dejó de producir su efecto
deseado. ¿Pero puede esto ser razonablemente cuestiona-
do? También nos preguntaríamos si un medicamento,
cuando su uso fuera dejado de lado, no debería curar
más.

La misma representación, en esencia, puede hacerse con
respecto a la Iglesia de Escocia. Su credo preeminente-
mente excelente era el medio, con la ayuda de Dios, de
mantenerla unida y pura, mientras ese credo continuase
siendo honestamente empleado como prueba, de acuerdo

a su verdadera intención y espíritu. Cuando esto dejó de ser así, habría sido extraño, de hecho, que el estado de las cosas se hubiera mantenido como antes. Con una suscripción laxa y deshonesta, llegó la herejía: Al principio, con reserva y precaución, pero después, más abiertamente. Pero incluso hasta el día de hoy, como todos saben quienes conocen el estado de esa iglesia, los movimientos de herejía dentro de su seno se llevan a cabo en la más saludable revisión; y su condición es incomparablemente más favorable de lo que podría haber sido, si sus estándares públicos hubieran sido abolidos hace mucho tiempo.

Los credos de esas iglesias nacionales de Gran Bretaña tampoco han logrado aún todos los beneficios a la causa de la verdad y la justicia que están destinados a conferir. Aunque su espíritu genuino ha sido olvidado desde hace mucho tiempo por muchos, esto no es en absoluto el caso con todos. Siempre ha habido, en ambas iglesias, un cuerpo de fieles testigos de la verdad. ¡Este cuerpo, gracias al Todopoderoso y la misericordia del Rey de Sión está aumentando! Sus "buenas profesiones" (cf. 1 Timoteo 6:13) forman un punto de encuentro, alrededor del cual se están reuniendo millares; y esos famosos formularios, cuya influencia favorable de la cual supuestamente muchos se han cansado desde hace mucho tiempo, y más que agotados, volverán a ser, hay toda razón para creer, un "pendón a los pueblos" (cf. Isaías 11:10), a la que se unirán los que aman la "simplicidad que hay en Cristo" (cf. 2 Corintios 11:3), más extenso y más glorioso que nunca.

Tampoco estamos sin apreciaciones significativas a la eficacia de los credos, y al mal de estar sin ellos, en nuestro propio país. La Iglesia Presbiteriana en los Estados Unidos, es uno de los ejemplos más importantes. Conflictos ha tenido, en efecto, pero han sido tales como incidentes para toda comunidad, eclesiástica o civil, administrada por los consejos de hombres imperfectos. En medio de todos ellos, ella, por el favor de su cabeza Divina, sostenida en su camino, sustancialmente fiel a su sistema de doctrina y orden; y aunque constituida, originalmente, por miembros de diferentes países, y de diferentes hábitos, ha permanecido unida a un grado, considerando todas las cosas, verdaderamente maravillosa. De esta última, las iglesias Congregacionales de Massachusetts, proporcionan un monumento a la melancolía. Aunque originalmente formado por un pueblo mucho más homogéneo en su carácter y hábitos, y mucho más unido en sus opiniones; sin embargo, al ser desprovistos de cualquier vínculo eficaz de unión, e igualmente desprovistos de los medios de mantenerla, si lo hubiera poseído, han caído presa de la disensión y el error, en un grado igualmente instructivo y de luto.

5. La última objeción que consideraré es que la suscripción a los credos no solo ha fracasado enteramente en la producción de los beneficios contemplados por sus amigos, sino que se ha encontrado más bien para producir los males opuestos, para generar discordia y lucha. "Los credos", dicen algunos, "en lugar de tender a componer diferencias y a unir más estrechamente a los miembros de las iglesias, han demostrado ser un punto de contención y un medio para excitar las cargas mutuas de herejía, y miles de malos sentimientos, entre aquellos que por lo demás podrían haber sido perfectamente armoniosos".

En respuesta a esta objeción, mi primera observación es que el supuesto hecho, que da por sentado, es totalmente falso. No es cierto que los credos hayan generado contención y contienda en el seno de las iglesias que las han adoptado. Por el contrario, sería fácil demostrar, por una amplia inducción de hechos, que en las iglesias en las que los credos y las confesiones han sido más apreciados, la unión y la paz han reinado de manera muy notable. En verdad, ha sido siempre la necesidad de un respeto fiel a tales formularios lo que ha llevado a la división y a la lucha en la iglesia de Cristo. Dudo que alguna denominación de cristianos haya existido, durante medio siglo juntos, desprovistos de un credo público, por más unida y armoniosa que pudiera haber sido, al comienzo de este período, sin exhibir, antes de su final ni esa quietud de muerte, que es el resultado de la fría indiferencia a la verdad, o esa miserable escena de discordia, en la que la "separación" (cf. Hechos 15:39) era el único medio de escapar de la violencia abierta.

Mi siguiente observación es que, aunque se demostrara que los credos públicos ortodoxos a menudo están indirectamente conectados con el conflicto y la contención en la iglesia, no formaría ningún argumento sólido en contra de ellos. El apego ardiente a lo que ellos consideraban la verdad es el principio, en todas las edades, que ha llevado a las comunidades cristianas a adoptar credos y confesiones de fe. El mismo apego a la verdad los llevará naturalmente a vigilar con cuidado todo lo que es hostil a ella; y a "contender ardientemente" (cf. Judas 3) en su defensa, cuando es atacada. En este caso, un credo, suponiendo que sea un credo sano y bíblico, no es más la causa del conflicto y la división, que una medicina sana es la causa de la enfermedad que pretende curar. La palabra de Dios nos manda a "contender", y a "contender ardientemente por la fe que una vez dada a los santos", y a considerar como "anatema" a todo aquel que predica "otro evangelio" distinto al que las Escrituras revelan (Gálatas 1:6-9). Pero cuando tal "contención" se hace necesaria, ¿quién tiene la culpa? Seguramente no la verdad, o sus defensores, sino aquellos que simpatizan con el error, y así se esfuerzan por corromper el cuerpo de Cristo y, por supuesto, hacen de la disputa por la verdad un deber. En efecto, se da por sentado que, en este conflicto, se puede manifestar mucho temperamento inhable: no solo por parte de los defensores del error, sino también, en cierto grado, por parte de los amigos de la verdad. Pueden contender, incluso por la verdad, con fanatismo y amargura. Sin embargo, esto no hace que la verdad en sí sea menos preciosa; o el deber de retenerla sea menos imperativo; o aquellos resúmenes de ella que los cristianos han sido conducidos a formar menos valiosos, como testimonios para Dios.

Antes de que el cristianismo fuera predicado en el Imperio romano, las diferentes clases de paganos vivían juntos en paz. El fundamento de esta paz era la opinión de que el error era inocente; y que todas las clases de religiosos eran igualmente seguras. Pero cuando la religión de Jesucristo fue predicada; cuando sus ministros proclamaron que no había ningún otro sistema ni verdadero ni seguro; que no había otro fundamento de esperanza; que todas las religiones falsas no sólo eran altamente criminales, sino también eternamente destructivas; y que los seguidores de Cristo no podían tolerar a ninguno de ellos; entonces comenzó una escena de la persecución y violencia más espantosa, por parte de los paganos. Pero ¿sobre qué, o sobre quién, debemos echar la culpa por estas escenas de violencia? Nadie, seguramente, dirá, que la culpa recae sobre el cristianismo. Más bien, debemos imputarlo a la corrupción de la naturaleza humana y a la ceguera y violencia de la malicia pagana. Si los cristianos primitivos hubieran estado dispuestos a renunciar la preciosa verdad que se les había comprometido, y a actuar sobre el principio de que todos los modos de fe eran igualmente seguros, podrían haber escapado mucho, si no toda la terrible persecución que fueron llamados a soportar.

La única observación adicional, por lo tanto, que tengo que hacer, sobre la objeción que tenemos ante nosotros, es que no puede tener fuerza, excepto por el principio de que el error debe dejarse sin asediar, y que la afirmación de la verdad no es un deber; Por toda defensa de la verdad, contra sus opuestos activos, todos "que se oponen a la verdad" (cf. Judas 3) deben, por supuesto, perturbar esa calma y tranquilidad mortal que la indiferencia hacia la pureza de la fe tiende a introducir. Se nos ordena, "si es posible, en cuanto dependa de vosotros, estad en paz con todos los hombres" (cf. Romanos 12:18). Pero no es "posible" estar en paz con algunos hombres. No debemos estar en paz con el error o con la maldad. La autoridad divina hace que sea nuestro deber oponernos a ellos al máximo y a nuestro riesgo. Y si, en el cumplimiento de este deber, la paz de la iglesia se ve perturbada durante un tiempo, el pecado está a la puerta de los que han hecho necesario el conflicto. Esos resúmenes de la verdad, que en ocasiones particulares hacen importante encarnar y publicar, no son más culpables de la lucha, que la ley sabia y sana de la tierra es la culpa de esa agitación que necesariamente asiste a la confiscación, el juicio, y la ejecución de un malhechor.

Admitiendo que los credos son legales y necesarios, a menudo ha sido interrogado por algunos que profesan ser sus amigos, si alguna vez deben contener otros artículos que los pocos que son estrictamente fundamentales: en otras palabras, si alguna vez deberíamos insertar entre los miembros de un credo, que pretende ser suscrito por todos los candidatos para el cargo en una iglesia, más de media docena de artículos, la recepción de los cuales se considera generalmente como absolutamente esencial para el carácter cristiano? Se trata de una cuestión de verdadera importancia, que sin duda merece una seria consideración, y una respuesta sincera. Y para uno, no tengo ninguna duda en decir que, en mi opinión, los credos de la iglesia no solo legalmente pueden, sino siempre deben, contener una serie de artículos además de los que son fundamentales. Y para establecer esto, a mi parecer, no es necesaria ninguna otra prueba que simplemente para señalar que hay muchos puntos confesionales no fundamentales, sobre los cuales, sin embargo, es de la máxima importancia para la paz y la edificación cristianas que los miembros, y especialmente los ministros, de cada iglesia deben ser armoniosos en sus puntos de vista y práctica. Mientras la iglesia visible de Cristo siga dividida en diferentes secciones o denominaciones, los diversos credos que emplean, si han de responder a cualquier propósito eficaz, deben ser formulados de tal manera que excluya de cada uno a aquellos maestros a quienes concienzudamente cree ser no escritural y corrupto; y a quienes, mientras conserve esta creencia, debe excluir.

Para ejemplificar mi significado: la Iglesia Presbiteriana, y la mayoría de las otras denominaciones que tienen un sistema regular de gobierno, creen que el ministerio cristiano es una ordenanza divina, y que ninguno, excepto aquellos que han sido regularmente autorizados a cumplir sus funciones, deben, por cualquier medio, intentar predicar el evangelio, o administrar los sacramentos de la iglesia. Sin embargo, hay hombres muy piadosos y excelentes que han adoptado los sentimientos de algunos altos Independientes, que verdaderamente piensan que todo "hermano dotado", ordenado o no, tiene tan buen derecho a predicar como cualquier hombre; y, si la iglesia lo invita a hacerlo, a administrar los sacramentos. Ahora, ningún presbiteriano de mentalidad sobria considerará esto como una cuestión fundamental. Es fundamental, en efecto, para el orden eclesiástico; pero para la existencia del carácter cristiano, no lo es. Los hombres pueden diferir completamente en este punto, y sin embargo estar igualmente unidos a Cristo por la fe, y, por supuesto, igualmente seguros en cuanto a su destino eterno. Pero cualquier presbiteriano real y consistente estaría dispuesto a conectarse a sí mismo con una iglesia, llamándose por ese nombre, en la cual, mientras que una parte no consideraba a ninguno sino a un ministro regular como competente para el desempeño de las funciones aluidas, tantas de las otras porciones como se eligió reivindicaron y ejercieron realmente el derecho de levantarse en la congregación, y predicar, bautizar y administrar la Cena del Señor, cuándo y cómo cada uno podría pensar adecuado; y no solo así, sino cuando los ministros ordenados que ocupan el púlpito, en sucesión, diferían no menos enteramente entre ellos en referencia a la pregunta controvertida; algunos animan, y otros reprimen, los esfuerzos de estos "hermanos dotados". No pregunto si tal iglesia podría ser tranquila o cómoda, pero ¿si podría existir en un estado de coherencia durante doce meses juntos?

Tomemos otro ejemplo. Ningún hombre en sus sentidos considerará la cuestión que divide a los paedobaptistas y a los anti-paedobaptistas como una cuestión fundamental. Aunque no tengo ninguna duda de que el bautismo infantil es una doctrina de la Biblia, y una doctrina extremadamente importante; y que el rechazo de él es un error travieso; sin embargo, tengo muy poca duda de que algunos hombres eminentemente piadosos han sido de una opinión diferente. Pero ¿cuál sería la situación de una iglesia igualmente dividida en este punto; ministros, así como miembros privados, constantemente diferentes entre ellos; miembros de cada partido persuadieron concienzudamente que los otros estaban equivocados; cada uno de ellos pone gran énfasis en el punto de diferencia, como uno sobre el que no puede haber compromiso, o acomodación; todos reclaman y se esfuerzan por ejercer el derecho no solo a la razón, sino a actuar, según sus respectivas convicciones; y cada uno con celo? ¿Se esfuerza por hacer prosélitos a sus propios principios y prácticas? ¿A qué se asemejaría más una iglesia de este tipo: los constructores de Babel, cuando su discurso fue confundido; o una familia Santa y unida, "andando en el temor del Señor, y se acrecentaban fortalecidas por el Espíritu Santo, y edificándose unos a otros en el amor?" (Cf. Hechos 9:31; Efesios 4:16).

Permítanme ofrecer una ilustración más. La cuestión entre presbiterianos y prelatistas es generalmente reconocida como no fundamental. No quiero decir que esto sea reconocido por tales hermanos episcopales como una señal de lo que se complace en llamar la "misericordia de Dios sin pacto" a todas aquellas denominaciones que no tienen un ministerio ordenado episcopalmente; y quienes, a causa de este sentimiento exclusivo, son diseñados por el Obispo Andrews, "de corazón de hierro", y por el Arzobispo Wake, "locos". Pero mi punto es que todos los presbiterianos, sin excepción, una gran mayoría de los mejores prelatistas mismos, y todos los protestantes moderados y sobrios, de cada país, reconocen que este punto de controversia es uno que no afecta de ninguna manera el carácter cristiano o la esperanza. ¿Aún no es claro que un cuerpo de ministros totalmente diferente entre sí en cuanto a este punto aunque puedan amar, y comunicarse entre sí, como los cristianos no podrían actuar armoniosamente juntos en el importante rito de ordenación, lo que puedan hacer en otras preocupaciones religiosas?

En todos estos casos, es evidente que no hay nada fundamental en la existencia de la piedad vital. Sin embargo, es igualmente evidente que aquellos que difieren completa y celosamente en cuanto a los supuestos puntos no pueden estar cómodos en la misma comunión eclesiástica. Pero, ¿cómo se van a unir, y prevenir la consiguiente discordia y contienda que sería inevitable? No sé de ningún método sino de construir sus confesiones de fe para formar familias o denominaciones diferentes, y para excluir de cada uno de los que son hostiles a sus principios distintivos de orden.

Está claro, pues, que a menos que las confesiones de fe contengan artículos que no sean, estrictamente hablando, fundamentales, no pueden responder a un propósito principal para el que se formulan, a saber, la protección de las iglesias que reciben el orden puro y la disciplina, así como la verdad, de las Escrituras, de la intrusión de maestros que, aunque pueden ser piadosos, sin embargo no pueden dejar de perturbar la paz y la edificación de la parte más correcta y sana del cuerpo.

Pero para más detalles sobre este tema, tanto a favor como en contra de la doctrina que mantengo, debo remitirles a los trabajos que se han dedicado a su debate más amplio; más particularmente a lo que dijo el prudente y excelente Sr. Dunlop, en el capaz "Prefacio" de su *Colección de Confesiones*; *Al Confesional*, por el Sr. Blackburne, uno de los más celosos y formidables opositores de los credos (que les preparará para examinar algunas de las mejores respuestas valiosas a esa obra tan famosa); a la Vindicación de Walker de la Iglesia de Escocia, etc.; y, por último, a la investigación del Sr. Dyer sobre la naturaleza de la suscripción a los artículos de religión.

Capítulo 4
Observaciones Finales

El tema, queridos alumnos, sobre el que me he estado dirigiendo, es eminentemente práctico. Entra profundamente en muchas cuestiones de deber personal y ministerial, por lo tanto, les detendré unos momentos más, llamándoles la atención sobre algunas de esas inferencias prácticas de los principios y razonamientos anteriores, que me parecen merecedoras de su consideración.

1. De la representación que se ha dado, podemos ver la poca razón que hay para temer a los credos como instrumentos de opresión.

Hay algo tan perfectamente visionario e irrazonable en el pensamiento mismo de "tiranía" u "opresión" en relación con la suscripción a credos en este país, que la única maravilla es cómo puede ser admitido, por un momento, en cualquier mente sobria. ¿Quién impone o puede imponer un credo a cualquiera, o alguna vez intenta hacerlo? ¿Algún hombre en los Estados Unidos está obligado a profesar cualquier creencia, a suscribir cualquier credo, o a unirse a cualquier iglesia? Todo hombre, en efecto, está obligado por la ley de Dios a creer correctamente, y a conectarse a sí mismo con una iglesia pura. Él tampoco está ni puede estar en libertad, ante los ojos de Jehová, para descuidar de su deber. Pero, ¿está algún hombre obligado por la ley humana, eclesiástica o civil, a hacer alguna de estas cosas? ¿Hay algún hombre en los Estados Unidos, después de haber suscrito un credo, y después de haberse unido a una iglesia, obligado, por cualquier autoridad humana, a adherirse por siquiera un día más de lo que le plazca? ¿No está en libertad perfecta para retirarse, en cualquier momento, y eso con o sin dar una razón por su conducta, como él piensa apropiado? ¡Gracias eternas a aquel que nos da esta libertad! ¡Que sea perpetuo y universal! Ahora, uno pensaría que esto es libertad suficiente para satisfacer a cualquier hombre razonable.

Pero parece que realmente hay quienes desean más. Exigen, en efecto, que la iglesia esté dispuesta a llevar todo tipo de herejía, así como la ortodoxia, a su seno, y a actuar como si ella considerara ambos con un mismo ojo. Piden que se permita a los herejes imponerse libremente sobre ella, ya sea que estén dispuestos o no a unir y edificar a sus miembros, pero a dividirlos y distraerlos; que estén en libertad para entrar en la familia del Redentor, y allí, sin tener en cuenta sus reglas escriturales, o su feliz armonía, para propagar esos sentimientos discordantes, y para establecer tales nuevos principios de orden (o desorden) que los intrusos decidan adoptar. Pero, ¿es esta libertad cristiana? ¿Es esta una especie de libertad que cualquier benevolente, o incluso hombre honesto desearía poseer? Es la libertad, en verdad, de la clase más extraordinaria, para el individuo que se entromete; pero, ¿qué pasa con la libertad del cuerpo eclesiástico al que entra, en contra de sus deseos y de su consuelo, y de su verdadera injuria? Es, evidentemente, el mismo tipo de privilegio en la iglesia, que el privilegio de invadir el aposento de las familias privadas, o perturbar la paz de la sociedad civil, y con impunidad. Es una libertad considerada antitética por los habitantes de cualquier país libre.

2. Podemos ver, por lo que se ha dicho, que suscribirse a un credo de la iglesia no es una mera formalidad, sino una transacción muy solemne, lo que significa mucho, e infunde las obligaciones más serias. Es ciertamente una transacción que debe ser entablada con mucha deliberación profunda y humilde oración; y en el que, si un hombre está obligado a ser sincero en cualquier cosa, está obligado a ser honesto a su Dios, honesto a sí mismo, y honesto a la iglesia a la que se une. Para mí, no sé de ninguna transacción en la que la falta de sinceridad sea más justificadamente imputable al terrible pecado de "mentir al Espíritu Santo" (cf. Hechos 5:3) que esta. Es verdaderamente humillante y angustioso saber que en algunas iglesias se ha convertido gradualmente en costumbre considerar los artículos de fe como simplemente artículos de paz: en otras palabras, como artículos que él que suscribe no se considera que profesa creer, sino que simplemente se compromete a no oponerse al menos de manera pública u ofensiva. Ya sea que llevemos este principio a la prueba de la razón, de la Escritura, del diseño original de los credos, o de la importación ordinaria del lenguaje entre hombres honorables, parece igualmente responsable a la más severa libertad condicional, como

impertinente y criminal en un muy alto grado. Tampoco me parece que sea un alivio, ni de la vergüenza ni del pecado, al que muchos de los gobernadores de las iglesias se refirieron, así como de los que se suscriben, públicamente avocan su adopción de este principio; admiten la corrección del mismo; y así se escapan, como imaginan, de la carga de la hipocresía. ¿Qué se pensaría de un principio similar, si se adoptara y se aprobara en general, con respecto a la administración de juramentos en los tribunales civiles? Supongamos que tanto los jurados como los testigos, sintiendo que es una carga estar obligados por sus juramentos a hablar la verdad, se pongan de acuerdo entre ellos mismos, a no hablar la verdad. Y supongamos que los jueces fueron libres de admitirlos a sus juramentos con un entendimiento similar. ¿Estaría un testigo o un jurado, en tal caso, exento de la acusación de perjurio, o el juez de la culpabilidad de perjurio? Supongo que no, en la estimación de cualquier hombre sobrio. Si no fuera así, los hombres malos, que constituyen la mayoría de cada comunidad, podrían, al violar todos los principios de la virtud y el orden, no solo con impunidad, sino también sin pecado.

Así pues, como primer principio de la honestidad común, así como de la verdad cristiana, la suscripción a los artículos de fe, es una transacción importante que realmente significa lo que dice significar; que ningún hombre está en libertad de suscribir artículos que no cree verdadera y plenamente; y que, al suscribirse, se lleva a sí mismo bajo un compromiso solemne y de pacto con la iglesia a la que entra, para caminar con ella "en la unidad de la fe", y "en el vínculo de la paz y el amor" (Efesios 4:13; cf. Efesios 4:2-3). Si no puede hacerlo honestamente, que no profese hacerlo en absoluto. No veo sino que aquí, la falta de sinceridad, la ocultación, el doble trato y las reservas mentales, son, por decir lo menos, tan medios y bases como pueden ser en las transacciones de la vida social y civil.

Tal vez me preguntarán qué hará un hombre que ama a la Iglesia Presbiteriana; que la considera más cercana al modelo bíblico que cualquier otra que conozca; quién considera que su Confesión de Fe es, con mucho, el mejor, en sus grandes líneas, y en todos sus artículos fundamentales, que conoce; y que, sin embargo, en algunos de sus detalles menores, no puede estar totalmente de acuerdo. ¿Puede tal suscribirse honestamente, sin ninguna explicación previa de sus puntos de vista? Respondo, "de ninguna manera". ¿Debería pedir, pues, que abandonara todos los pensamientos de unirse con nuestra iglesia, cuando esté en armonía cordial con ella en todos los principios fundamentales, y más cerca de ella, en todos los aspectos, que de cualquier otra iglesia en la tierra? Una vez más, respondo, "de ninguna manera". No conozco ningún otro modo de proceder en un caso como este que el candor cristiano, y una conciencia pura justificará que lo siguiente: que el candidato a la admisión se despliegue, al presbiterio ante el cual se presenta, todas sus dudas e inquietudes, con perfecta franqueza; abriendo todo su corazón, como si estuviera en juramento; y ni suavizando ni ocultando nada. Que los haga comprender claramente, que si suscribe la Confesión de Fe, debe entenderse que lo hace en consonancia con las excepciones y explicaciones que especifica. Si el presbiterio, después de esta justa comprensión, debe ser de la opinión de que los puntos exceptuados eran de poca o ninguna importancia, e no interfirieron con ningún artículo de fe, y debe estar dispuesto a recibir su suscripción de la manera habitual, puede proceder. Tal método de proceder será más de acuerdo con cada principio de verdad y honor; y quitará toda tendencia de auto-reproche, o de reproche por parte de los demás, después.

3. Desde el punto de vista que hemos presentado este tema, podemos decidir cómo debe actuar un hombre honesto, después de suscribirse a un credo público. Sentirá que es su deber adherirse sincera y fielmente a ese credo, en público y en privado; y hacer de él su deber de promover, por todos los medios en su poder, la paz y la pureza del cuerpo con el que se ha conectado. Y si en cualquier momento altere sus puntos de vista sobre cualquier parte del credo o del orden de la iglesia en cuestión, le corresponderá preguntar si los puntos, respecto de los cuales él ha alterado su opinión, son de tal naturaleza que pueda callar concienzudamente sobre ellos, y "no ofender" al cuerpo al que pertenece (cf. 1 Corintios 10:32; 2 Corintios 6:3). Si él puede reconciliar esto con un sentido iluminado del deber, puede permanecer en paz. Pero si los puntos, respecto de los cuales sus opiniones han sufrido un cambio, son de tanta importancia en su estimación, como que no puede estar en silencio, sino que debe sentirse obligado a publicar, y tratar de propagarlas; entonces deje que se retire pacíficamente, y se una a otra rama de la iglesia visible, con la que puede caminar armoniosamente. Tal puede encontrar casi en todas partes, a menos que sus puntos de vista sean singularmente excéntricos. Pero, en cualquier caso, no tiene más derecho a insistir en permanecer y a que se le permita públicamente oponerse a lo que ha prometido solemnemente recibir y

apoyar que un miembro de cualquier asociación voluntaria, a la que ha suscrito en virtud de ciertos compromisos,
pero con el que ya no está de acuerdo, tiene el derecho de
mantener obstinadamente su conexión con ella, y de valerse de la influencia que su conexión le da, de esforzarse
por no arrancarla en pedazos.

No es una objeción sólida, a este punto de vista del tema,
alegar que todo hombre está bajo la obligación de obedecer a la gran cabeza de la iglesia, totalmente suprema a
aquellos que lo obligan, en virtud de cualquier compromiso eclesiástico, a obedecer a la iglesia misma. Esto es
lo más fácil de conceder. Ningún hombre puede atarse
legalmente a desobedecer a Cristo, en cualquier caso lo
que sea. Pero este principio, se concibe, no tiene nada
que ver con el punto que se examina. Aunque un hombre
no puede atarse apropiadamente siempre a creer como
ahora cree; ni permanecer siempre en conexión con el
cuerpo eclesiástico que él ahora une; sin embargo, puede
prometer con seguridad que será un miembro regular y
ordenado del cuerpo, siempre y cuando permanezca en
relación con él. Cuando deje de ser capaz de hacer esto,
sin pecar contra Dios, se retirará inmediatamente, si es un
hombre honesto. Si permanece, y sufre habitualmente por
violar su compromiso, bajo la pretensión de beneficiar al
cuerpo al que ha prometido lealtad, será imputable con el
pecado de hacer el mal para que vengan bienes (cf. Romanos 3:8).

Para ilustrar mi significado con un ejemplo familiar: cada
estudiante de este seminario ha hecho, a su entrada, una
promesa solemne, que "mientras continúe siendo miembro de él, observará concienzudamente y vigilantemente

todas las reglas y reglamentos especificados en el plan para su instrucción y gobierno, en la medida en que lo mismo se refiera a los estudiantes; y además, que él obedezca todas las peticiones legales de los Profesores y Directores," etc. como este compromiso se hizo voluntariamente, ningún hombre honesto dudará de que todos ustedes están obligados a actuar en conformidad con él, hasta recibir el grado máximo de sus estudios, en la medida que tengan capacidad. Supongamos, sin embargo, que uno de entre ustedes se convenza de que algunas de las "regulaciones especificadas en el plan" del seminario no son solamente insensatas, e incómodas, sino también inmorales; ¿qué debe hacer? ¿Debería permanecer en la institución y violar habitualmente las normas a las que exceptúa, alegando que no podía obedecerlas concienzudamente, porque, aunque se había comprometido solemnemente a hacerlo, se sentía bajo una obligación previa y primordial de "obedecer a Dios en lugar de al hombre"? (Cf. Hechos 5:29). Esto, seguramente, ningún cristiano aprobaría, ni ningún gobierno fiel toleraría.

No; todo principio de honor e integridad dictaría que se retirara inmediatamente del seminario; y si, después de retirarse, pudiera convencer a la Asamblea General de nuestra iglesia que sus excepciones fueron justas, y prevaleciera con ese cuerpo para alterar las reglas ofensivas; entonces, y no hasta entonces, él podría con una buena conciencia reanudar su lugar en la institución.

4. Somos conducidos a reflexionar, de la representación que se ha dado, lo fácil que es para un solo ministro imprudente o insensato hacer un daño extenso e irreparable en la iglesia. Tal, especialmente si es un hombre de talen-

to e influencia, al ponerse, abierta o encubiertamente, en contra de las normas públicas de su iglesia; al abordar el sentimiento popular y valerse del prejuicio popular; puede hacer más, en poco tiempo, para preparar el camino del error fatal, que toda su utilidad, aunque multiplicada cien veces, sería capaz de contrarrestar. Se puede decir que los ministros, mis jóvenes amigos, tienen en sus manos los intereses de la iglesia, por encima de cualquier otra clase de hombre; y que dicha responsabilidad debe hacerle temblar. Tal como es el carácter del ministerio de cualquier iglesia en particular, será, generalmente hablando, el carácter de la iglesia misma.

Por un lado, si los ministros de la religión son generalmente iluminados, ortodoxos, santos, diligentes y fieles, la iglesia a la que pertenecen nunca dejará de mostrar la influencia de este carácter en resultados felices. Por otro lado, nunca fue la iglesia, en ningún país o edad, corrompida, dividida y arruinada, pero el mal fue hecho por sus ministros. Sin embargo, por humillante o doloroso que esta afirmación puede ser, sin duda es confirmado por todas las Escrituras, y toda la experiencia. Y como la influencia general del carácter del ministro es tan vital, así que no es fácil medir el error que puede ser hecho por un ministro insensato, sin gracia, imprudente, turbulento. Si, en cada camino de la sociedad, "un pecador destruye mucho bien" (Ecclesiastés 9:18), ¡cuánto más amplio, deplorable y fatal es el malversado, cuando el criminal es un ministro! Por opiniones erróneas; por hábitos corruptos; por amor a la innovación; por abrazarse a sí mismo, e impartir extensivamente a los demás, ilusiones perniciosas; puede hacer más en cinco o diez años, para agitar, dividir, corromper y debilitar a la iglesia, que, tal vez, un centenar de los ministros más fieles en la tierra puede hacer, humanamente hablando, por promover su pureza y paz en medio siglo. La influencia de dos o tres individuos, de talentos populares, en Massachusetts, hace más de cincuenta años, en socavar gradualmente la ortodoxia, y en reconciliar la mente pública con las opiniones heréticas es tan bien conocido, como se lamenta profundamente, por muchos que están familiarizados con la historia eclesiástica de la Nueva Inglaterra. Los autores de este error ya han fallecido; pero sus obras han sobrevivido; y de sus terribles estragos, nadie puede estimar la extensión, o ver el final.

¡Queridos alumnos! Sea tu estudio, en todo momento, para apreciar un sentido profundo de tu solemne responsabilidad hacia Dios y su iglesia. Dentro de poco, estarán entre aquellos a quienes se confiarán los intereses más importantes que pueden confiarle al hombre. Sé fiel a tu alta confianza. Guarda, con la máxima vigilancia, la ortodoxia de la iglesia. Nada puede ser realmente correcto, donde sus principios doctrinales son esencialmente equivocados. Pero no piensen que la mera ortodoxia frígida, por perfecta que sea, es todo lo que se necesita. Trabaja para difundir, en todas las direcciones, la influencia Santa y benigna de la verdad. Si "la casa de la fe" (Gálatas 6:10) se corrompe por la herejía, o se desgarra por la división, o se agita por la innovación no permitida, o se vuelve frío por la necesidad de fidelidad ministerial, vela que ninguno de ustedes sea encontrado entre los trabajadores del adversario. Mira que busquemos incesantemente no "tus propias cosas" (cf. Filipenses 2:21), tu propia fama, tu propio honor, tus propias fantasías, o tus propias especulaciones, pero "las cosas que son de Jesucristo". Si no puedes beneficiar a la iglesia (y ningún hombre tiene el derecho de decir que no puede, si tiene un corazón para el propósito), al menos no presta tu influencia a la obra no permitida de corromperla y dividirla. Y si alguna vez deberías ser llevado a circunstancias en las que no puedes hacer nada más, ve que te encuentren, como los "ministros del Señor" de antaño, "llorando entre el pórtico y el altar, y diciendo: "Perdona, oh Jehová, a tu pueblo, y no entregues al oprobio tu heredad, para que las naciones se enseñoreen de ella. ¿Por qué han de decir entre los pueblos: Dónde está su Dios?" (Ver Joel 2:17).

5. Podemos inferir, de lo que se ha dicho, el deber y la importancia de todos los miembros, y especialmente los ministros, de la Iglesia Presbiteriana, que se comprometen a difundir el conocimiento de sus estándares públicos. Digo, sus "normas públicas", a pesar de todo el escabullido y la censura que se han emitido sobre este lenguaje. Porque todo hombre inteligente y cándido en la comunidad sabe que lo empleamos para designar no los formularios que ponemos por encima de la Biblia, sino simplemente aquellos que averiguan y establecen cómo interpretamos la Biblia. Estos formularios si realmente son una representación de la Palabra de Dios, y seguramente los pensamos así que cada ministro está obligado a circular, con asiduidad incansable, entre la gente de su cargo. Esto está lejos, en general, de ser hecho fielmente, que dudo seriamente si hay una iglesia protestante en la cristiandad en la que hay un defecto tan llamativo como el cumplimiento de este deber, especialmente en algunas partes del país, como en la Iglesia Presbiteriana. Nuestros hermanos episcopales ejercen una diligencia muy loable al colocar el volumen que contiene sus artículos, formas

y oficios, en cada familia dentro de su alcance que pertenece a su comunión, o puede ser considerado como tendiente a ella. Nuestros hermanos metodistas y bautistas, sin menos diligencia, hacen lo mismo, con respecto a aquellos libros que exhiben las doctrinas y el orden de sus respectivas denominaciones. Todo esto es como debería ser. Los hombres son sinceros en su creencia, y serios en la diseminación de lo que ellos consideran principios correctos.

¿Por qué es que tantos ministros de la Iglesia Presbiteriana, con una Confesión de Fe, y Catecismos, que creo verdaderamente, y que la mayoría de ellos reconocen fácilmente, son, con mucho, los mejores que jamás se enmarcan con la sabiduría no inspirada y con una forma de Gobierno y disciplina más consistentes con la práctica apostólica que la de cualquier otra iglesia en la tierra son todavía tan negligentes, por no decir tan indiferentes, en cuanto a la circulación de estos formularios? Ellos, tal vez, no se toman el problema ni siquiera de preguntar si hay una copia del volumen que los contiene en cada familia, o incluso en cada barrio, de sus respectivos cargos. ¿Cómo vamos a explicar la frecuencia peculiar de esta negligencia en el ministerio de nuestra iglesia? Estaría lejos de ser verdad, confío, decir, que nuestros ministros son más infieles en el cumplimiento general de sus deberes, que los de cualquier otra comunión. ¿No podemos atribuir el hecho en cuestión a otro hecho, del que se espera que surja naturalmente?

El hecho al que me refiero es que, en la Iglesia Presbiteriana, en la actualidad, y en este país lo que haya ocurrido en tiempos anteriores, hay menos sentimiento sectario;

menos de lo que se llama, el *esprit du corps*, que en cualquier otro cuerpo eclesiástico entre nosotros. Estamos en verdad, si no me equivoco, tan excesivamente libres de ella, como estar apenas dispuestos a defendernos cuando nos atacan. Estamos tan dispuestos a fraternizar con todas las denominaciones evangélicas, que casi olvidamos que tenemos una denominación propia, a la que estamos peculiarmente vinculados. Ahora, este espíritu general es sin duda excelente, digno de una cultura constante, y la más alta alabanza. ¿pero no puede ser llevado a un extremo? La benevolencia activa y universal es un deber cristiano; Pero cuando el jefe de una familia, en el ardor de su ejercicio, no siente más preocupación o responsabilidad respecto a su propia casa que respecto a los hogares de los demás, actúa una parte irrazonable y, lo que es peor, desobedece el mandato de Dios. Algo análogo a esto, yo aprehendo, es el error de ese cristiano, o aquel ministro, que en el fervor de su catolicismo, pierde de vista el hecho de que Dios, en su providencia, lo ha conectado con una rama particular de la iglesia visible, el bienestar y la edificación de la que está curiosamente obligado a buscar. Si su propia rama de la iglesia tiene algo de singular excelencia en su estimación, por lo que prefiere lo que siempre debe ser supuesto, ¿puede estar mal que él desee que otros lo vean en la misma luz? Y si es justificable en la recomendación de estas peculiaridades desde el púlpito (como todos lo permiten), ¿no es igualmente justificable en la recomendación de la prensa, especialmente por medio de publicaciones acreditadas?

Feliz será para nuestra iglesia, entonces, si su futuro ministerio estará más atento al deber en cuestión, que muchos de los que han ido antes que ellos. A vosotros, queridos candidatos al sagrado cargo, les recomiendo un respeto sagrado a este deber. Resistir, siempre, al máximo de su poder, la pequeñez de la intolerancia sectaria, y esforzarse por expulsarla de la iglesia. Pero, al mismo tiempo, atesoramos entre sus miembros un apego iluminado a esa rama particular de la familia de Cristo en la que su suerte es echada. Para ello, esfuércese por promover entre ellos un conocimiento general e íntimo de nuestra Confesión de Fe, y forma de Gobierno y disciplina, así como nuestros Catecismos, que estos últimos, espero, no son totalmente descuidados en ninguna parte de la iglesia. Nunca aconseje a la gente que tome el contenido de estos formularios públicos en confianza; pero que diligentemente comparen cada parte de ellos con la Escritura, y ver hasta qué punto están de acuerdo con el estándar inerrable. Así que será probable que usted llegue a ser instrumental en la formación de cristianos sólidos e inteligentes. Así pues, ojalá que observen en los padres espirituales de las multitudes, "cuya fe no estará en la sabiduría de los hombres, sino en el poder de Dios" (cf. 1 Corintios 2:5).

6. Una vez más; si los principios anteriores son justos, entonces lo infeliz que es el error de aquellos que imaginan que, al abandonar todos los credos y confesiones, están a punto de hacer de la iglesia un servicio esencial; para edificarla más extensa y gloriosamente que nunca. Hay quienes se imaginan que un nuevo orden de cosas está a punto de abrirse en la iglesia, que representa un cambio tan grande de dispensación como siempre marcó el progreso del reino del Redentor en cualquier época anterior. En esta perspectiva nueva e indefinida, se parecen ver el destino que se aproxima a la mayoría de esas vallas, y la

disolución de la mayoría de esos lazos, que hasta ahora han sido considerados como indispensables para el mantenimiento de la unidad y la armonía en la familia de Cristo. Sólo diré que es harto tiempo para prever este nuevo orden de cosas cuando llegue; y que, entretanto, mientras que, en el estado actual del mundo, Tan pronto pienso en extender y edificar la iglesia dejando a un lado todos los medios de gracia, como en promover su pureza y paz abandonando aquellos métodos de unir a sus miembros que han sido encontrados necesarios desde los días de los apóstoles.

Así, el apóstol Pedro exhortó a los cristianos en su día: " Sed sobrios, y velad; porque vuestro adversario el diablo, como león rugiente, anda alrededor buscando a quien devorar" (cf. 1 Pedro 5:8). Y otro apóstol recordó a aquellos a quienes escribió, que este adversario frecuentemente se "transformó en ángel de luz" (cf. 2 Corintios 11:14). Así fue hace dieciocho siglos; y así es en esta hora. Las mismas bendiciones de la iglesia, como han sido en todas las edades, así que ahora, se convierten en medios de engaño. La armonía progresiva de las diferentes denominaciones evangélicas; su creciente celo por la difusión del evangelio; su creciente disposición a sacrificar muchas diferencias más pequeñas en el altar de nuestro cristianismo común; han despedido la imaginación de algunos espíritus ardientes y sanguíneos, que se han permitido que se apresuren a la conclusión injustificada de que todas las reglas anteriores estaban a punto de ser dejadas de lado, y todas las barreras anteriores a ser derrumbadas. Pero recuerden, mis jóvenes amigos, que una noción similar ha sido entretenida, y después abandonada, en casi todos los siglos desde la encarnación de Cristo. Recuerden, también, que incluso cuando llegue el milenio, la naturaleza humana seguirá siendo depravada, y seguirá necesitando de ley y regulación, no, tal vez, tanto, sino como ahora. Y, finalmente, recuerden que antes de que ese día bendito se aflore realmente sobre nuestro mundo, probablemente tendremos muchos un conflicto dolorido con los enemigos de la verdad, y estaremos en necesidad de todos esos métodos de distinguir y unir a sus amigos, a los cuales la palabra de Dios, y la experiencia uniforme ha dado su sanción durante tanto tiempo.

Así pues, a la vez que os exhorto a incitar con alegría el espíritu de armonía, de unión y de cooperación activa, que se encuentra entre los más preciados y animantes "signos de los tiempos" en que vivimos; Y mientras espero fervientemente que ningún estudiante de este seminario se aleje con un ojo maligno, cuando el verdadero estándar de Cristo sea levantado por cualquier denominación; permítanme, al mismo tiempo, que os exhorte siempre a moderar vuestro celo con sobriedad. Digo sobriedad, porque esta es una cualidad que no siempre se encuentra asociada incluso con gran vigor de talento, y gran calidez de piedad. Un hombre de dotaciones admirables, si hubieran sido dirigidas felizmente, para adornar y bendecir la iglesia ha sido transportado por las visiones de una fantasía acalorada; o tan engañado al mantener su ojo fijo en un solo punto de la vasta escena delante de él; o así impulsado por los enfoques de otros, tan anómalos como él mismo; que, como el cometa del filósofo infiel, él solo ha sido capaz de atacar a algunas estrellas errantes del padre luminario, mientras él mismo, dado a una órbita más y más excéntrica, nunca regresó, ya sea a la regularidad o a la utilidad.

La iglesia está todavía "en el desierto" (Hechos 7:38; 1 Corintios 10:1-11); y cada edad tiene sus ensayos apropiados. Entre los de hoy se encuentra un espíritu de innovación inquieta, una disposición a considerar todo lo nuevo como, por supuesto, una mejora. Felices son aquellos que, tomando la palabra de Dios para su guía, y caminando en "los pasos del rebaño", buscan continuamente la pureza, la paz y la edificación de la familia del Maestro; que, escuchando con más respeto al oráculo sin error, y a las lecciones sobrias de la experiencia cristiana, que a los delirios del error de moda, se aferran a su camino, "no girando ni a la mano derecha ni a la izquierda" (cf. Proverbios 4:27; Deuteronomio 28:14), y considerándolo como su más alto honor y felicidad ser empleado como instrumentos humildes y pacíficos en la construcción de ese "reino que no es carne y bebida, sino justicia, paz, y gozo en el Espíritu Santo". (cf. Romanos 14:17). ¡Que Dios nos conceda a cada uno de nosotros este mejor de todos los honores! ¡Y para su nombre sea la alabanza, para siempre! ¡Amén!

Capítulo 5
Exhortación a la Integridad Doctrinal

Hermanos Cristianos:

No necesito decir, a ningún observador atento de las escenas que pasan, que el tema de la adherencia fiel a nuestras normas doctrinales es un punto esencialmente relacionado con la paz de la Iglesia Presbiteriana. En este tema, por lo tanto, es de suma importancia que haya un acuerdo de sentimiento a favor de algunos principios racionales y bíblicos.

Por un lado, si tal uniformidad absoluta en el modo de explicar cada detalle de la verdad es defendida, con el rigor que algunos parecen considerar necesario; si los hombres han de ser sometidos a disciplina por no exponer toda la doctrina contenida en la Confesión de Fe con la misma precisión de otros suscriptores que han venido delante de él; la iglesia debe mantenerse inevitablemente en un estado de constante desarmonía y conflicto mutuo.

La tranquilidad y la paz no serán posible. Por otro lado, si todo tipo de opinión no escritural, excepto el extremo de la herejía, debe ser libremente aceptada por cualquiera de nuestros consistorios; si se rehúsa censurar cualquier forma de error doctrinal, a falta de un unitarismo palpable, que parece ser el plan de algunos hermanos, y si esta tolerancia se vuelve la política prevaleciente; será mucho más difícil mantener unida a la iglesia. O más bien, no valdrá la pena, mantenerse unidos. Porque dejará de ser lo que la iglesia fue constituida para ser, desde el principio: el "testigo de Dios" (cf. Isaías 43:10-12; Hechos 1:8), en medio de un mundo corrupto e impío, que da testimonio de la verdad, así como del orden de su familia.

Si no podemos adoptar algún rumbo entre estos extremos ruinosos, y con un espíritu de afecto mutuo y de acomodación caminar en él, llegaremos al fin de nuestra larga y apreciada unión. Debemos ser arrancados del suelo y esparcidos por los vientos.

Sobre este tema tan sumamente interesante, este tema vital, permítanme, por tanto, hacer algunas observaciones fraternales. Con el temor de que me malentiendan, concibo y enuncio estas observaciones en el espíritu de conciliación y amor cristiano que deseo apreciar y recomendar a todos los que me dirijo.

Es bien sabido que cuando los ministros son ordenados en la Iglesia Presbiteriana o cuando los que ya están ordenados son recibidos en nuestro cuerpo de otras denominaciones son llamados a dar su consentimiento formal y solemne, entre otras, a las siguientes preguntas.

1. "¿Crees que las Escrituras del Antiguo y Nuevo Testamento son la palabra de Dios, la única regla infalible de fe y práctica?"

2. "¿Recibe y adopta sinceramente la Confesión de Fe de esta iglesia como el sistema de doctrina que se enseña en las Sagradas Escrituras?"

Aquí, se observará, la Biblia es declarada como la única regla infalible de fe, y la Confesión de Fe de la Iglesia Presbiteriana es reconocida como una visión resumida o compendiada de la manera en que los miembros de la iglesia han acordado en interpretar las Escrituras. Es así que tenemos la costumbre de referirnos a nuestra Confesión de Fe y a nuestro forma de Gobierno: *nuestras normas eclesiásticas.* No las normas finales de fe y práctica; sino las normas o pruebas, para determinar la manera en que nosotros, como iglesia, profesamos interpretar la Biblia. Si hay algún individuo, entonces, en nuestra asamblea, capaz de decir o pensar que la Confesión de Fe "es la Biblia de los presbiterianos", deje que ellos se detengan seriamente y se pregunten si alguna vez han visto y leído *esta fórmula?* Y si lo han hecho, ¿si la acusación de calumnia deliberada no le queda?

Pero la gran pregunta práctica que ahora quiero enfocar es: "¿Cómo se debe entender este consentimiento público a la Confesión de Fe?" ¿Debe considerarla como excluyente de toda variedad de opiniones, en cuanto al modo de explicar cualquiera de las doctrinas de la Confesión? ¿Es el diseño de esta suscripción para asegurar una uniformidad tan completa y perfecta en la manera de interpretar cada artículo detallado, que se excluya cualquier diversidad o variación de exposición en cualquier punto? *Esperar* tal uniformidad perfecta, entre dos mil ministros del evangelio, es una quimera. Nunca fue posible ni tampoco se logrará. Y tratar *de hacer cumplir* tal principio, sería peor que inútil.

Es bien sabido que los divinos de la Asamblea de Westminster, que formularon y adoptaron la Confesión de Fe que recibimos, tenían diferencias menores entre ellos. Algunos de ellos eran supralapsarios, otros infralapsarios, y una tercera clase tenía sus puntos de vista peculiares respecto *a la libertad condicional*, y también respetando el lugar que la *obediencia activa* y *pasiva* de Cristo tiene en el sistema del evangelio. Aún así, todos eran calvinistas sustanciales y sinceros, y formularon la Confesión de tal manera que aquellos que diferían, con respecto a estos matices de opinión menores, podrían adoptarla honestamente. También es notorio que los miembros calvinistas del Sínodo de Dort diferían entre ellos en cuanto a algunos puntos menores, particularmente en cuanto *al alcance de la expiación*; pero *fueron unánimes* en la condena completa del arminianismo expresada en sus cánones. También es igualmente conocido que una diversidad similar de opiniones, en relación con las modalidades de proclamar y explicar algunas doctrinas, existía en el antiguo Sínodo de Filadelfia, en la fecha de la "Ley de adopción", en 1729. Sin embargo, como fue el caso de la Asamblea de Westminster y el Sínodo de Dort, todos ellos eran calvinistas sinceros; y, por lo tanto, por unanimidad y con buena fe, se suscribieron al credo que había sido formulado por sus padres en Europa, más de setenta años antes.

Pero si cierto grado de diversidad en los modos de representar la verdad del evangelio debe ser esperado y tolerado en una asamblea eclesiástica de cierto tamaño, la pregunta surge: *¿hasta dónde* puede esta diversidad ser permitida con seguridad para proceder? Sin duda, se trata de una cuestión de gran delicadeza y de difícil solución, pero no más difícil que muchas otras cuestiones prácticas relativas a la moral y la religión. Todos reconocemos que incluso los verdaderos cristianos, aunque sinceros, son imperfectos. Pero si se le preguntó: ¿qué *grado* de imperfección moral puede considerarse como consistente con el carácter cristiano? Supongo que todo hombre pensante se encontraría avergonzado por el intento de trazar una línea precisa; pero, al mismo tiempo, se sentiría muy seguro de que existen ciertas formas y grados de delincuencia moral que inevitablemente deben excluirlo de los que se ubican dentro de la clase de cristianos profesantes. Por lo tanto, en cuanto a la forma de suscripción a la Confesión de Fe, se cree que pocas mentes justas y sinceras pueden estar de acuerdo en cómo debe ser interpretada.

Si la pregunta: ¿cuál es el significado de las palabras, 'el sistema de doctrinas enseñadas en las Sagradas Escrituras,' como ocurren en la fórmula que hace parte del servicio de ordenación? fuera sometida a cualquier jurado inteligente e imparcial de sentido común, que nunca habían oído hablar de los subterfugios y refinamientos de los suscriptores modernos a los credos, no puedo dudar que lograrían unanimidad en su dictamen. Naturalmente, decidiría así: "Ya que el objetivo principal de suscribirse a un credo eclesiástico es expresar acuerdo en la creencia doctrinal; puesto que el diseño manifiesto de la Confesión de Fe de la Iglesia Presbiteriana es mantener lo que comúnmente se llama el sistema calvinista, en oposición a los sistemas sociniano, arriano, pelagiano y arminiano; dado que casi todos los puntos que distinguen estas diversas formas de error se exponen, se rebaten y se rechazan específicamente, bajo uno u otro de sus varios artículos; y puesto que esta ha sido notoriamente la comprensión universal, desde que se formó la Confesión, juzgamos que ningún hombre que no es *un calvinista sincero*, es decir, que no *hace ex animo* [*del corazón;* con sinceridad] recibir todos los artículos distintivos del sistema calvinista, puede subscribirse honestamente.

"No suponemos, en efecto, que entre los que se suscriben a la formulación, es necesario, para que su suscripción sea real, que tiene que haber un acuerdo completo sobre 'cada jota y cada tilde' en el modo de explicar cada doctrina que contiene la Confesión. Pero no podemos resistir la conclusión, como hombres justos y honorables, de que a menos que un candidato a la admisión realmente crea en la doctrina de la Trinidad; la encarnación y la verdadera Deidad de Jesucristo; la personalidad y Deidad del Espíritu Santo; La caída y la depravación total del hombre en virtud de su conexión con Adán, el progenitor de nuestra raza; el sacrificio expiatorio vicario de la justicia de Cristo, imputado a nuestro favor y hecho nuestro por fe; la elección personal, soberana e incondicional a la vida eterna; la regeneración y la santificación por el poder del Espíritu Santo; el castigo eterno de los impíos impenitentes, etc., etc. A menos que creamos sinceramente todo esto, y las doctrinas esencialmente aliadas que alguna vez han sido consideradas como las características distintivas del sistema calvinista, y las creemos en su sustancia, como están establecidas en la Confesión, nuestro veredicto es que no se puede subscribir honestamente.

"Suponemos, de hecho, que entre muchos cientos de calvinistas sinceros y cándidos en la tierra, habrá alguna diversidad en su manera de explicar y defender estas doctrinas, mientras que todos verdaderamente las sostienen. Pero mientras ninguno de ellos acepte los errores a los que se acaba de hacer referencia, y que fue el diseño especial de la Confesión excluir, juzgamos que todos pueden adoptarla sin ninguna violación".

Tal sería, creo, el veredicto de cualquier jurado imparcial y sincero, que tuviera algún conocimiento de los hechos en el caso, y cuyas mentes eran libres de las polémicas partidarias sobre este tema. Y así mismo, estoy igualmente persuadido, que sería la conclusión a la que la justicia y el honor cristiano deberán conducirnos. Hay una diferencia manifiesta entre *la naturaleza esencial* de una doctrina cristiana, y las diferentes formas de representarla y exponerla a las que han recurrido los divinos de Westminster. Apartarse de lo primero es abandonar la doctrina; pero con respecto a lo segundo, hay que esperar y permitir cierta variedad de puntos de vista.

Para ilustrar mi propuesta: La doctrina del sacrificio expiatorio vicario de Cristo es considerada, por todos los que tienen derecho al nombre cristiano, como una doctrina fundamental del evangelio. La naturaleza esencial de esta doctrina consiste en el hecho de que el Redentor puso su vida como un sustituto pactual y seguro para los pecadores. En otras palabras, que "al que no conoció pecado, por nosotros lo hizo pecado, para que nosotros fuésemos hechos justicia de Dios en él" (cf. 2 Corintios

5:21). Aquellos que se adhieren a esta idea principal, y consideran el sacrificio de Cristo *como estrictamente vicario*, deben ser considerados como adheridos a todo lo que es *radical* e *indispensable* en la doctrina, ya sea que lo expliquen sobre lo que se ha llamado *la teoría Getsemaní, el esquema de valores infinitos*, o el plan *de aplicabilidad universal*. Mientras que se sostenga la verdadera naturaleza bíblica de la expiación, se le puede permitir cierta latitud en su modo de explicar su extensión, sin ser considerado, en referencia a este artículo, como recalcitrante ante estándar que se ha suscrito. Y así de otras doctrinas principales.

Si bien, por ende, se debe esperar cierta diversidad en las explicaciones adoptadas de una serie extendida de doctrinas entre los maestros de cada iglesia y se ha encontrado que tal variación existe; No puede haber, a mi parecer, un dictado más simple del sentido y la honestidad común, que un pelagiano, un semi-pelagiano, o arminiano no puede posiblemente, con una buena conciencia, suscribirse la Confesión de Fe de la Iglesia Presbiteriana. Que esta Confesión fue originalmente elaborada por hombres decisivamente y cálidamente opuestos a estos errores, es universalmente conocido. Para erigir una barrera contra las invasiones de esos errores, que en ese entonces venían a Inglaterra "como río" (Isaías 59:19), era, notoriamente, un objeto principal en la formulación de la Confesión.

Una vez más, los escritos privados de quienes primero lo formaron y adoptaron hablan el mismo idioma, y establecen, sin lugar a duda, *el quo animo* [intención] de sus autores originales. Además, es bien sabido a todos los que conocen la historia de aquellos tiempos, que nuestra propia iglesia, en este país, cuando por su "acto de adopción", en 1729, recibió esta Confesión de Fe como su "buen depósito" eclesiástico (2 Timoteo 1:14), tenía una referencia principal a los errores semi-pelagianos o arminianos, a los que estaba más expuesta, y contra los que le se ponían especialmente en su guardia.

Más aún, quien ignora que, desde ese día hasta ese momento, la Iglesia Presbiteriana ha sido universalmente considerada, y por multitudes estigmatizadas, como un cuerpo calvinista; que en esta materia se ha mantenido uniformemente alejada de toda comunión eclesiástica con cuerpos confesionalmente arminianos, de varias denominaciones, y ha dado testimonio contra lo que consideraba como sus graves errores; y que, más de una vez, en sus más altos sínodos, ha condenado los escritos y la predicación de propios ministros que propagaban dichos errores. Y, como corona final, toda la historia de los Presbiterianos de Cumberland, en Occidente, da testimonio de que nuestros venerados padres, hace treinta años, cuando no hubo celos o prejuicios especiales excitados en referencia a este tema, la adopción de las opiniones arminianas fue totalmente incompatible con una suscripción honorable a nuestra Confesión, y consideraron como su deber echar fuera de la iglesia un gran cuerpo de ministros y miembros respetables que, aunque prefirieron decisivamente y todavía conservan el orden presbiteriano, sin embargo no podían suscribirse una confesión calvinista.

¿Nos dirán, entonces, después de todo lo que ha sido escrito, decidido y hecho en referencia a este mismo tema que un arminiano o alguien que adopte sus principios más destacados y más excepcionales, puede, con toda franqueza, suscribirse a nuestra Confesión? De la misma manera racional y honesta podría sostenerse que un celoso remonstrante, en 1618, pudo haber suscrito concienzudamente a los "cánones" del Sínodo de Dort; o un arriano al Credo adoptado por el Concilio Niceno.

La verdad es (como quiera que la cuestión de la admisibilidad de diferencias menores en el modo de explicar la verdad del evangelio puede se decida), que ningún hombre moral puede en buena conciencia subscribirse a una Confesión que deliberadamente rechaza el error que el hombre se rehúsa a rechazar. Tal suscripción es un perjurio solemne. Si hay algo como "mentir al Espíritu Santo" (cf. Hechos 5:3), esto sería buen ejemplo. Se está destruyendo la intención misma de un credo: cuyo objeto es determinar y asegurar la concurrencia en la fe.

Si el sistema de doctrina enseñado en la Confesión es erróneo, que se cambie. Pero mientras profesamos mantener ciertas doctrinas, mantengámoslas *de verdad y honestamente*. Prefiero, sin lugar a dudas, descartar la Confesión por completo, que adoptar un principio que haga de su uso una burla. En el momento en que este modo laxo de interpretar la suscripción a los credos se vuelva general, o incluso frecuente, se pierde su poder o utilidad. Ya no pueden ser considerados como un vínculo de unión, o como una valla contra los caminos del error. Con cualquier potencia o valor que puedan haber alguna vez tenido, pronto degenerarán en meros símbolos insignificantes.

Este punto de vista del tema no es ni novedoso ni extravagante. Basta considerar los siguientes sentimientos, deliberadamente publicados, muchos años después, por el

difunto Dr. Witherspoon, que nunca fue acusado de leve-
dad en la formación de sus opiniones, o de violencia al
defenderlas:

"No puedo evitar advertirte del mal de dos pedazos de
deshonestidad que posiblemente puedan ser encontrados
unidos a la gravedad y a la decencia en otros aspectos La
primera es la suscripción de artículos de doctrina que un
ministro no cree. Esto es una violación tan directa de la
sinceridad, que es asombroso pensar cómo los hombres
pueden tener una conciencia tranquila al predicarlos deliberadamente. Las mismas excusas y evasiones que se
ofrecen en defensa de ella son una vergüenza para razonar, así como un escándalo para la religión.

"¿Qué éxito se puede esperar del ministerio de ese hombre que inicia con un acto deshonesto? ¿Cómo puede tomar sobre sí mismo la carga de reprobar a otros por el
pecado, o de entrenarlos en virtud y bondad verdadera, si
él mismo es culpable de perjurio directo, premeditado, y
perpetuo? Es parecido a los casos en el comercio, en los
que los hombres hacen promesas falsas, y a la vez agra-
van su fraude al jurar, o hacer que otros juren, contrario a
la verdad. Esto justamente se repudia como escandaloso,
incluso en el mundo; y sin embargo, mientras que en el
mundo se considere un caso de fraude criminal, en la
iglesia no lo solemos considerar con la misma gravedad.
"He decidido especialmente introducir este tema en esta
ocasión en la que puedo atacarlo, no como un error, sino
como un fraude; no como un error en el juicio, sino como
un caso de burda deshonestidad e insinceridad de corazón. ... Debo rogar a cada ministro, pero especialmente a
aquellos jóvenes que tienen en vista el sagrado oficio,

que recuerden que Dios no será burlado, aunque el mundo pueda ser engañado. A su vista, ninguna gravedad de comportamiento, ninguna pretensión a la libertad de investigación (una cosa excelente en sí misma), ningún ejercicio regular del derecho de juicio privado, justificará o excusará tal *mentira* por ganancia, como solemnemente suscribirse a lo que no creen."

Obviamente no nos conformamos con la excusa que algunos dan, que los ministros se suscribieron a la Confesión de Fe con *una reserva mental*, lo que implica que la recibieron *sólo en la medida en que la consideraron de acuerdo con las Escrituras*. Esto me parece un subterfugio que ofrece un insulto tan directo al sentido común como a la honestidad común. Sobre este principio está claro que cualquier hombre puede, sin escrúpulos, suscribirse a *cualquier confesión de fe que le convenga*. Porque, seguramente un sociniano podría, sin la menor duda, declarar que creía una confesión rígidamente calvinista, en la medida en que lo consideraba coincidente con la palabra de Dios.

Además, ¿de qué valor es una suscripción a un credo que se haga sobre este principio? El único objetivo de suscribir un credo es determinar si el suscriptor cree un cierto conjunto de doctrinas: o, en otras palabras, si cree que es un resumen o compendio fiel de lo que enseña la Biblia. Pero no es evidente que el que se suscribe, con la reserva mental ante nosotros, cumple con este objetivo; al contrario evade el único diseño de la transacción; y engaña la asamblea ante la cual afirma su suscripción. Es un engaño más criminal, y más travieso, porque se hace como un acto religioso solemne y en el nombre del Dios que discierne el corazón! Sería indeciblemente mejor, en mi opinión, abandonar de una vez a todos los credos de la iglesia, que continuar su uso sobre un principio tan completamente subversivo de la justicia y la sinceridad. Y no se requiere ningún don de profecía para prever que cualquier iglesia que actúa de tal manera está sembrando las semillas de la discordia destructiva y la corrupción, y debe esperar la maldición del Dios de la verdad.

A veces, de hecho, se ha alegado, como una fuente de alivio de esta visión del tema, que aquellos que están de acuerdo en *los grandes hechos* involucrados en la verdad cristiana pueden suscribir con seguridad al mismo credo, aunque pueden diferir muy ampliamente en la *solución filosófica* de los hechos. Por ejemplo, algunos suponen que aquellos que están de acuerdo en lo que se llaman *hechos calvinistas* pueden suscribir concienzudamente nuestra Confesión de Fe, aunque todas sus explicaciones filosóficas de esos hechos sean completamente pelagianos o arminianos. Ahora bien, no niego que *los hechos* de la revelación cristiana *puedan*, hasta cierto punto, estar separados de *la filosofía* de esos hechos. No niego que el *primero* pueda, en muchos casos, ser honestamente sostenido mientras que una considerable gama de especulaciones se ofrezcan con respecto *a este último*. Pero lo que sí niego es que este principio pueda ser admitido en el caso que tenemos ante nosotros, más allá de algunos límites muy restringidos. Muchos teólogos y ministros modernos usan esta distinción para hacer una suscripción inauténtica a los artículos de fe. Esto constituye un subterfugio en el más alto grado; y si se emplea como algunos teólogos parecen dispuestos a emplearlo, apenas puede dejar de abrir la puerta a todos los males del latitudinarismo perfecto.

Supongamos que uno de los *supuestos hechos calvinistas* en cuestión es que el hombre es un ser depravado. Es cierto que los calvinistas mantienen este hecho. Pero también lo mantienen los arminianos, así como los pelagianos. Pero, *¿cómo* lo sostiene cada uno? La más mínima indagación inteligente satisfará a cualquier juez imparcial que el hecho general *puede* ser admitido, y es admitido por miles, sobre principios, y en una forma totalmente subversiva del plan de salvación del evangelio.

Una vez más, supongamos que el hecho en cuestión es que todos los discípulos sinceros de Cristo son renovados y santificados por el Espíritu Santo. Otra vez, todas las clases de cristianos profesantes están de acuerdo en las palabras. Cuando muchos arminianos, sin embargo, afirman este hecho, solo quieren decir que el Espíritu Santo opera sobre todos por igual, donde viene el evangelio, así como la atmósfera presiona igualmente sobre quienes están inmersos en él; y que la razón por la que uno se salva y no otro, es que el primero aprecia la operación del Espíritu mientras que el otro no. "Porque ¿quién te distingue? ¿o qué tienes que no hayas recibido?" (cf 1 Corintios 4:7). Cuando el pelagiano admite este hecho, lo hace en base a principios aún más lejos de la verdad bíblica. Y cuando el sociniano reconoce el hecho, a menudo quiere decir otra cosa que el Espíritu Santo, que es una influencia Divina, ha revelado en las Escrituras el camino de la salvación. Pregunto, ¿es suficiente el *hecho nominal* aquí? No, el modo de explicarlo adoptado lo anula completamente, como un fundamento de esperanza cristiana. O más bien, lo hace un tipo de hecho completamente diferente de lo que la Biblia enseña.

Además, supongamos que el hecho en discusión es que los hombres son salvos por medio de la expiación de Cristo. Casi todas las denominaciones de cristianos estarán de acuerdo en esta declaración, como anunciando un gran hecho. Pero, ¿es esto suficiente para él que contiende "por la fe que una vez fue entregada a los santos?" (cf Judas 3). Algunos no significan más por la declaración que acaba de hacer que Cristo por sus instrucciones ha revelado a los hombres una vida futura, y por sus sufrimientos y muerte ha conseguido una mitigación de las demandas de la ley; Para que el creyente ahora pueda comprar la bendición eterna por su propia obediencia imperfecta; mientras que, antes del sacrificio expiatorio del Hijo de Dios, una obediencia perfecta solo podría servir para este fin Según estos, Cristo murió, no para satisfacer las demandas de la ley y la justicia, no para pagar la deuda de su pueblo, y así liberarlos de la condenación, sino simplemente para bajar los términos de aceptación, y para traer el pago requerido dentro del alcance incluso de las criaturas pecaminosas. Pero una tercera clase interpreta el hecho de que hablamos de una manera totalmente diferente. Suponen que el sacrificio de Cristo fue verdadera y apropiadamente vicario; Que el Padre "le puso las iniquidades de todos nosotros", que "desnuda nuestros pecados en su propio cuerpo sobre el árbol", y que libera a su pueblo de la maldición de la ley al "ser maldito por ellos" (cf. Isaías 53:6; 1 Pedro. 3:24; cf. Gálatas 3:13). Pregunto de nuevo, ¿es *el supuesto hecho* el mismo en los sistemas de todas estas personas? Que el humilde creyente, que no puede encontrar descanso para su alma sino en la justicia perfecta y suficiente de su Divina garantía,

Samuel Miller

responda a la pregunta.

La verdad es que lo que se llama *el hecho* en cuestión es, en cada uno de estos casos, un hecho totalmente *diferente* en la estimación de las diferentes clases enumeradas. Cada teoría errónea pervierte el hecho tal como se encuentra en la Biblia, y lo transforma en un hecho de aspecto y rumbo totalmente diferentes. Permítanme hacer un ruego a los amigos de la verdad bíblica, entonces, para que tengan cuidado con aquellos que hablan *de hechos calvinistas* explicados por la filosofía pelagiana o semipelagiana. Es un engaño total y ruinoso. La *filosofía pelagiana* nunca deja de transformar todos los hechos que pervierte y tortura en *hechos pelagianos* , con esta peligrosa circunstancia atentándolos, que son realmente pelagianos bajo un nombre engañoso y colores falsos. Que la filosofía pelagiana prevalezca en la iglesia por unos años, y él es un hombre infatuado que se abate que las doctrinas pelagianas no serán pronto el credo reinante.

Estos comentarios, mis hermanos cristianos, son hechos libremente, no con el propósito de hacer sentimientos, o fomentar la lucha; pero con un deseo sincero de prevenir ambos, previniendo lo que inevitablemente debe conducir a ambos. Permitir que los hombres se suscriban a una confesión que obviamente no creen y declaren que "aprueban" una forma de gobierno eclesiástico y disciplina que no aman, y no tienen disposición a apoyar puede tener la apariencia de gran "liberalidad", y puede parecer prometer una armonía envidiable entre los hermanos de diferentes opiniones. Pero la apariencia es engañosa. La esperanza es un sueño miserable.

No requiere ningún espíritu de profecía para prever que cada vez que nuestros tribunales eclesiásticos comienzan deliberadamente a admitir la suscripción a nuestros estándares públicos sobre cualquiera de estos principios, están allanando el camino para los problemas y peligros de la más ruinosa clase. Pronto descubrirán, o que han introducido a un enemigo en el campo, que creará toda la confusión de Babel, y eventualmente los arrancaran en pedazos; O, esa indiferencia a la verdad, y ese temperamento moral, en la que las iglesias protestantes de Francia y Ginebra, de esta misma causa, y de esta misma manera, se hundieron gradualmente, y que fue, durante muchos años, la base de toda su tranquilidad. Hay paz entre los muertos; pero es la paz de las tinieblas, de la putrefacción y de la desolación. De tal paz, que Dios de su infinita misericordia nos preserve.

Princeton, febrero de 1833